Auf all unsern Wegen

Worte, die begleiten

HERDER

FREIBURG · BASEL · WIEN

Sonderband 2008
Herausgegeben von Sylvia Müller und Ulrich Sander

Mit Beiträgen von:

Benedikt XVI.
Margot Bickel
Dietrich Bonhoeffer
Phil Bosmans
Johannes Bours
Paul Deselaers
Hilde Domin
Gisela Dreher-Richels
Andreas Drouve
Peter Dyckhoff
Ylva Eggehorn
Anselm Grün
Rainer Haak
Klaus-Dieter Hägele
Uli Heuel
Wolfgang Huber
Gisela Ibele
Herbert Jung
Franz Kamphaus
Margot Käßmann
Karl Kardinal Lehmann
Anthony de Mello
Philip Newell
Peter Neysters
Therese Nolte
Henri Nouwen
Huub Oosterhuis
Karl Rahner
Anton Rotzetter
Antoine de Saint-Exupéry
Dorothee Sattler
Andrea Schwarz
Christa Spilling-Nöker
Pierre Stutz
Bärbel Wartenberg-Potter
Simone Weil
Erich Zenger

Vorwort

*Es gibt einen Weg,
den keiner geht,
wenn du ihn nicht gehst.*

Werner Sprenger

Zeit unseres Lebens sind wir unterwegs, ja wir sind Geschöpfe des Weges: Menschen im Übergang, zwischen Aufbrüchen und Ankommen. Was brauchen wir „auf all unsern Wegen"?

Die bekannten Autorinnen und Autoren dieses Bandes geben uns Anteil an ihrer ganz persönlichen Spurensuche nach dem, was wir uns selbst und einander für unsere Lebenswege wünschen: Ihre Beiträge erzählen vom Vertrauen als der grundlegenden Ausstattung zur Lebensreise (Kapitel 1) und von der lebenswichtigen Erfahrung, Weggefährten zur Seite zu haben (Kapitel 2). Sie erzählen von der Fähigkeit, Spuren zu lesen, an Wegkreuzungen Entscheidungen zu treffen und Irr- und Umwege wahrzunehmen (Kapitel 3), ebenso wie von der Gelassenheit und dem Mut, steinige Wege und Durststrecken zu überstehen (Kapitel 4). Und schließlich bezeugen sie die Gewissheit, dass wir „auf all unsern Wegen" nicht alleine gehen, sondern von guten Mächten begleitet sind (Kapitel 5).

Wie unverbraucht und notwendig das Bild von der Lebensreise und dem Lebensweg ist, zeigt die Erfahrung der Pilgerschaft: Menschen machen sich für eine bestimmte Zeit ganz wörtlich „auf den Weg" und nutzen die Geschehnisse und Begegnungen des Weges als Schlüssel, um ihr Leben zu deuten, neue Kraft zu schöpfen, Weichen neu zu stellen. Etwas von dieser Erfahrung möchte dieser Band den Leserinnen und Lesern weitergeben, indem etliche *Segensworte vom Jakobsweg* zum Abdruck kommen. Seit Jahrhunderten begleiten diese Segensworte die Pilger nach Santiago de Compostela und deuten den Weg als Gleichnis für den Lebenspfad.

In einem dieser Segensworte heißt es: „Es ist eines jeden Einzelnen innerer Weg, der uns die Fähigkeit entdecken lässt, das, was wir haben, mit anderen zu teilen." Die Autorinnen und Autoren dieses Bandes, Frauen und Männer, Katholiken und Protestanten, sind ihren eigenen inneren Weg gegangen und möchten durch ihre Erzählungen und Geschichten, ihre Betrachtungen und Gedichte die Erfahrungen ihrer Lebensreise mit anderen teilen.

Dass im Spiegel ihrer Texte etwas aufscheint, was Ihnen, liebe Leserinnen und Leser, ein neues Licht für Ihren eigenen ganz persönlichen Lebensweg schenkt, wünschen wir Ihnen

Sylvia Müller
Ulrich Sander

Vorwort   15

> Du Gott des Weges segne uns   **15**
> *Andrea Schwarz*

1 Lebenswege
Vertrauen, das uns trägt

Segenswort vom Jakobsweg   **18**

Der Weg des Vertrauens   **19**
Anselm Grün

Du mein Hirte   **20**
Psalm 23 / Huub Oosterhuis

Das Leben ist ein Weg   **21**
Gisela Ibele / Therese Nolte

Ziehende Landschaft   **22**
Hilde Domin

Hartnäckiger Wegbegleiter   **23**
Anthony de Mello

Auf der Suche   **24**
Phil Bosmans

Der Rabbi und sein Schüler   **25**
Überliefert

Licht auf dem Weg   **26**
Benedikt XVI.

Unterwegs   **27**
Margot Bickel

Geh deinen Weg   **28**
Aus Irland

Herz des Wandrers **29**
Gisela Dreher-Richels

Nur wer losfährt, wird ankommen **30**
Andrea Schwarz

Nicht stehen bleiben **33**
Franz Kamphaus

Der Stimme des Herzens folgen **34**
Pierre Stutz

2 Miteinander unterwegs
Das Geschenk der Gemeinschaft

Segenswort vom Jakobsweg **38**

Mit dir auf dem Weg **39**
Andrea Schwarz

Als Gast in meinem Haus **40**
Aus Irland

Weggefährten **41**
Pierre Stutz

Gemeinschaft **42**
Margot Bickel

Der Segen der Gemeinschaft **43**
Henri Nouwen

Stärke für den Weg **46**
Ylva Eggehorn

Wege, die verändern **50**
Margot Käßmann

Segen der Begegnung **52**
Christa Spilling-Nöker

Füreinander **52**
Franz Kamphaus

Tausend Wege **53**
Phil Bosmans

Der Weg der Gemeinschaft **54**
Anselm Grün

Das Geschenk der Gemeinschaft **56**
Benedikt XVI.

Dein Nächster ist wie du **57**
Pierre Stutz

Verantwortung **57**
Antoine de Saint-Exupéry

Der treue Gefährte **58**
Andreas Drouve

Gemeinsam auf dem Weg **62**
Franz Kamphaus

Zusage **63**
Andrea Schwarz

3 Spuren auf dem Weg
Sehnsucht, die uns vorantreibt

Segenswort vom Jakobsweg **66**

Der Weg der Entscheidung **67**
Anselm Grün

Die Kraft wächst mit dem Weg   **68**
Andrea Schwarz

Gottes Wege gehen   **69**
Paul Deselaers / Dorothea Sattler

Menschen im Übergang   **70**
Karl Rahner

Spuren   **72**
Johannes Bours

Wo willst du hin?   **74**
Uli Heuel

Die beiden Wege   **75**
Psalm 1 / Anton Rotzetter

Nirgendwo heimatlos   **76**
Andrea Schwarz

Kein Weg ohne Irrtum   **78**
Christa Spilling-Nöker

Andere Wege   **78**
Christa Spilling-Nöker

Gelassenheit in Entscheidungsfragen   **79**
Pierre Stutz

In Zeiten der Entscheidung   **80**
Pierre Stutz

Der Weg des Weizenkorns   **82**
Karl Kardinal Lehmann

Auf dem Weg zum Licht   **83**
Wolfgang Huber

4 Steinige Wege
Hoffnung, die uns stärkt

Segenswort vom Jakobsweg **86**

Steine im Weg **87**
Herbert Jung

Der Weg der Trauer **88**
Anselm Grün

Ganz anders und doch **90**
Andrea Schwarz

Im Dunkeln tappen **92**
Gisela Ibele / Therese Nolte

Du weißt den Weg **93**
Dietrich Bonhoeffer

Am Nullpunkt **94**
Phil Bosmans

Bewegt um zu bewegen **95**
Andrea Schwarz

Wenn die Klippen steil sind **96**
Irischer Segen

Weg der Verwandlung **97**
Philip Newell

Durch Wasser und Feuer hindurch **98**
Bärbel Wartenberg-Potter

Leid und Freude **100**
Simon Weil

Wandlung **101**
Andrea Schwarz

Möge ein Engel dir zur Seite stehen   **102**
Irische Segensworte

Im Schutz des Höchsten   **103**
Psalm 91 / Erich Zenger

Gewissheit   **104**
Benedikt XVI.

Vertrauen in die Zukunft   **105**
Peter Dyckhoff

5 Gesegnete Wege
Begleitet von guten Mächten

Segenswort vom Jakobsweg   **108**

Entscheidung für den Engel   **109**
Andrea Schwarz

Du   **110**
Psalm 139 / Huub Oosterhuis

Der Weg des weiten Herzens   **112**
Anselm Grün

Etwas Besonderes   **113**
Franz Kamphaus

Die Quellen der Freude   **114**
Peter Dyckhoff

Die Kunst des Lebens   **115**
Henri Nouwen

Engel in deiner Nähe   **116**
Christa Spilling-Nöker

Mein Schutzengel **117**
  Anselm Grün

Gott hat sich auf den Weg gemacht **118**
  Franz Kamphaus

Die Wunder betrachten **118**
  Segenswort vom Jakobsweg

Komm ins Freie! **119**
  Phil Bosmans

Glücklichen Weg! **120**
  Segenswort vom Jakobsweg

Unterwegs mit einem Engel **121**
  Andrea Schwarz

Sende mir deinen Engel **122**
  Peter Dyckhoff

Möge Gott vor dir hergehen **123**
  Irischer Segen

Am Morgen **124**
  Keltischer Morgensegen

Am Abend **125**
  Keltischer Abendsegen

Quellenverzeichnis **126**

Textnachweise **130**

Verzeichnis der Autorinnen und Autoren **133**

Du Gott des Weges
segne uns

sei du der Traum
der Sehnsucht zeugt
sei du die Kraft
die die Entscheidung trifft
sei du das Vertrauen
das sich stellt

segne den Aufbruch

behüte was ich zurücklasse
schütze das Neue das ich wage
begleite mich beim ersten Schritt

segne den Weg

gib meinen Füßen Halt
sei mir Grund
stärke Geist und Leib

segne das Ankommen

sei du mein Ziel
richte meine Schritte auf dich hin aus
schenk mir den Mut zur Heimkehr in dir

Du Gott des Weges segne uns

Andrea Schwarz

1

Lebenswege

Vertrauen, das uns trägt

Segenswort vom Jakobsweg

Gesegnet sei dein Weg,
Tag für Tag, Schritt für Schritt.
Gesegnet sei, was dir gelingt
und wo du versagst.
Gesegnet seien die Menschen,
die dich glücklich machen.
Gesegnet seien die Menschen,
die dir Steine in den Weg legen.
Gesegnet sei deine Arbeit und deine Ruhe.
Gesegnet sei dein Weg.
Tag für Tag, Schritt für Schritt.
Gehe deinen Weg in Frieden.
Gott geht mit dir.

Klaus-Dieter Hägele

Der Weg des Vertrauens

Anselm Grün

Wir erfahren im Alltag, dass wir uns auf Menschen oft nicht verlassen können. Da hat uns jemand die Treue geschworen. Und doch verlässt er uns. Ein anderer scheint einen klaren Stand und eine überzeugende Meinung zu haben, doch dann verwickelt er sich in Skandale ...

Es gibt immer auch Menschen, auf die man sich wirklich verlassen kann, die einem nicht zu viel versprechen, die ehrlich und zugleich treu sind. Und es gibt einen letzten festen Grund meines Lebens, auf den ich mich verlassen kann: Sogar wenn ich mich selbst verlasse, weil ich es nicht bei mir aushalte, verlässt mich Gott nicht.

Für Kinder ist Verlässlichkeit besonders wichtig. Für sie ist es wichtig, darauf vertrauen zu können und daran zu glauben, dass ihr Engel sie nicht verlässt, auch wenn Eltern sie verlassen, dass ihr Engel mit ihnen geht und sie aushält, auch dort, wo sie sich selbst nicht aushalten können. Ein solches tiefes Vertrauen ermöglicht es ihnen, zu sich zu stehen und ihre Person zu entfalten. Nur solches Trauen gibt ihnen mitten in einer unsicheren Welt einen guten Stand ...

Die Erfahrung zeigt, dass kein Mensch ohne Vertrauen leben kann. Selbst wenn er von einem anderen Menschen immer wieder enttäuscht worden ist, sehnt er sich nach Menschen, denen er vertrauen kann. Er hat in sich die Ahnung, dass er das Vertrauen braucht, um überhaupt einen festen Stand in dieser Welt zu haben ... Und in der Sehnsucht nach Vertrauen ist schon anfanghaft Vertrauen in uns.

Du mein Hirte

Wärst du mein Hirte, nichts würde mir fehlen.

Führ mich zu blühenden Weiden,
lass mich lagern an strömendem Wasser,
dass meine Seele zu Atem kommt,
dass ich die rechten Pfade wieder gehen kann,
dir nach.

Du mein Hirte? Nichts würde mir fehlen.

Muss ich in den Abgrund, die Todesschlucht,
dann packt mich Angst – bist du bei mir,
werde ich nicht sterben vor Angst.

Du hast den Tisch schon gedeckt,
meine Spötter wissen nicht, was sie sehen:
dass du meine Füße wäschst, sie salbst mit Balsam,
mir einschenkst. Trink nur, sagst du.

Nichts wird mir fehlen.

Lass es so bleiben, dieses Glück,
diese Gnade, all meine Lebenstage.
Dass ich bis ans Ende meiner Jahre
wohnen werde in deinem Haus.

Du, mein Hirte, nichts wird mir fehlen.

Psalm 23
in der Übertragung von Huub Oosterhuis

Das Leben ist ein Weg

Gisela Ibele / Therese Nolte

Ein Spaziergang durch den Wald zwingt mich, immer wieder auf den Boden zu schauen. Wurzelwerk, abgebrochene Äste, Kleintiere, Steine, Krümmungen, Steigungen erschweren den Weg.

Unsere Wegbegleiter durch das Leben sind die Sinne. Wir gehen einen Weg der Erfahrung, einen Weg mit Anfang und Ziel, einen Weg der Begegnung.

Es braucht Sehnsucht, Neugier und Risikofreudigkeit, um Erfahrungen zu machen. Wer nicht nach vorne lebt und ziellos in den Tag hineinstolpert, dem widerfährt nichts, der bleibt ohne „Fahrtwind" und ohne Er-fahrung.

Das Leben ist ein Weg: ein Weg von mir zum Mitmenschen, ein Weg von Gott zu mir, ein Weg von mir zu Gott, ein Weg zu mir selber.

Ich brauche Boden unter den Füßen, um überhaupt auf dem Weg sein zu können. Der Boden trägt mich wie die Wurzel den Baum.

Ziehende Landschaft

Man muß weggehen können
und doch sein wie ein Baum:
als bliebe die Wurzel im Boden,
als zöge die Landschaft und wir ständen fest.
Man muß den Atem anhalten
bis der Wind nachläßt
und die fremde Luft um uns zu kreisen beginnt,
bis das Spiel von Licht und Schatten,
von Grün und Blau,
die alten Muster zeigt
und wir zuhause sind,
wo es auch sei,
und niedersitzen können und uns anlehnen,
als sei es an das Grab
unserer Mutter

Hilde Domin

Hartnäckiger Wegbegleiter

Anthony de Mello

Ein Mönch, der in der ägyptischen Wüste lebte, beschloss, seine Zelle zu verlassen und an einen anderen Ort zu gehen. Als er seine Sandalen anlegte, um seinen Entschluss auszuführen, sah er nicht weit entfernt einen anderen Mönch, der sich auch die Sandalen anzog. „Wer bist du?", fragte er den Fremden. „Ich bin dein eigenes Ich", lautete die Antwort, „solltest du etwa meinetwegen diesen Ort verlassen, dann wisse, wohin du auch immer gehst, ich werde stets mit dir gehen."

Auf der Suche

Phil Bosmans

Der Mensch – ein kleines wunderliches Wesen. Es lebt und stirbt zwischen Steinen und Beton, immer in Hetze auf eiligen Wegen.

Der Blutdruck macht ihm zu schaffen, es plagen ihn Leber und Herz. Voll ist er mit Problemen, stets auf der Suche, doch meistens, bevor er noch findet, ist er schon tot.

Vielleicht kommt eine Zeit, in der der Mensch auf seinem suchenden Weg verwiesen wird an den Zentralcomputer, der ausgerüstet ist mit allem verfügbaren Wissen. Dann werden die Fragen wohl mehr denn je Sinnfragen sein, die der materielle Fortschritt nicht beantworten kann.

Hoffentlich wird dann der Mensch wieder anklopfen bei den alten Philosophen und den großen Mystikern. Es sei denn, es wären nur die Fragen erlaubt, die der Computer beantworten kann, und alle Fragen nach dem Geheimnis wären verboten, weil der Zentralcomputer sonst sprachlos würde.

Der Mensch ist und bleibt in seinem tiefsten Wesen ein Sucher, aber meistens wagt er nicht, weit genug zu gehen. Menschen suchen ihr Leben lang auf vielen Wegen, Umwegen und Irrwegen einen festen Ort, einen Heimathafen, einen Tisch und Brot und Wein, ein Herz und eine sanfte Hand, eine stille Gegenwart, die bleibt, auch wenn die Worte verstummen. Aber das Leben lehrt, das Menschen für Menschen nur Zwischenhafen sind, ein Anlegeplatz auf Zeit, wie schön er auch sein mag.

Menschen suchen unbewusst den großen Strom, der sie hinträgt ans andere Ufer, in den endgültigen Hafen, wo sie für immer geborgen sind. In den Hafen voller Licht und Liebe, den ich Gott nenne.

Der Rabbi und sein Schüler

Überliefert

Ein junger Jude kam zu seinem Rabbi und sagte: „Ich möchte gerne zu dir kommen und dein Jünger werden." Da antwortete der Rabbi: „Gut, das kannst du, ich habe aber eine Bedingung. Du musst mir eine Frage beantworten: Liebst du Gott?"

Da wurde der Schüler traurig und nachdenklich. Dann sagte er: „Eigentlich, lieben, das kann ich nicht behaupten."

Der Rabbi sagte freundlich: „Gut, wenn du Gott nicht liebst, hast du Sehnsucht, ihn zu lieben?"

Der Schüler überlegte eine Weile und erklärte dann: „Manchmal spüre ich die Sehnsucht sehr deutlich, aber meistens habe ich so viel zu tun, dass diese Sehnsucht im Alltag untergeht."

Da zögerte der Rabbi und sagte dann: „Wenn du die Sehnsucht, Gott zu lieben, nicht so deutlich verspürst, hast du dann Sehnsucht, diese Sehnsucht zu haben, Gott zu lieben?"

Da hellte sich das Gesicht des Schülers auf und er sagte: „Genau das habe ich. Ich sehne mich danach, diese Sehnsucht zu haben, Gott zu lieben."

Der Rabbi entgegnete: „Das genügt. Du bist auf dem Weg."

Licht auf dem Weg

Benedikt XVI.

Wir wollen den richtigen Weg finden – das wahre Leben entdecken, nicht auf einem Holzweg, nicht in der Wüste enden. Wir wollen des Lebens froh werden; wir wollen, wie Jesus einmal sagt, „Leben in Fülle haben".

Die Wege, die nach vorn führen, finden wir nicht, wenn wir nicht Licht von oben haben.

Alle sind dazu berufen, ihren Lebensweg als Pilgerweg zu gehen, als Offene und Suchende auf der Suche nach Wahrheit, Gerechtigkeit und Liebe.

Unterwegs

Geh deinen Weg
wie ich den meinen suche
zu dem Ziel
Mensch zu werden
unterwegs
begegnen wir
der Wahrheit
der Freiheit
und uns selbst
unterwegs
wächst und reift
eine Weggemeinschaft
die uns befähigt
anderen
Rastplatz zu sein
und
Wegweiser

du und ich
gehen
den Weg

Margot Bickel

Geh deinen Weg

Geh deinen Weg ruhig – mitten in Lärm und Hast – und wisse, welchen Frieden die Stille schenken mag.
Steh mit allen auf gutem Fuß, wenn es geht, aber gib dich selber dabei nicht auf.
Sage deine Wahrheit immer ruhig und klar, und höre die anderen auch an, selbst die Unwissenden und Dummen – auch sie haben ihre Geschichte.
Wenn du dich selbst mit anderen vergleichen willst, wisse, dass Eitelkeit und Bitterkeit dich erwarten. Denn es wird immer größere und geringere Menschen geben als dich.
Sei immer du selbst – vor allem: Heuchle keine Zuneigung, wo du sie nicht spürst. Erwarte heilsame Selbstbeherrschung von dir.
Im Übrigen aber sei freundlich und sanft zu dir selbst.
Lebe in Frieden mit Gott, wie du ihn jetzt für dich begreifst.
Und was auch immer deine Mühen und Träume sind in der lärmenden Verwirrung des Lebens – halte Frieden mit deiner eigenen Seele.
Du bist ein Kind der Schöpfung, nicht weniger wert als die Bäume und Sterne es sind
Du hast ein Recht darauf, hier zu sein.
Und ob du es merkst oder nicht – ohne Zweifel entfaltet sich die Schöpfung so, wie sie soll.

Aus Irland

Herz des Wandrers

Nur streunen
durch festgebaute Häuser
bleib Gast in den Unterkünften
die das Leben anbietet.

Behalt das Herz des Wandrers
Schütz deine Sehnsucht.

Hüllen

wieviel sind nötig zum Überleben
und
überlebt deine Freiheit mit ihnen …

Lass selbst Schönheit
wenn sie dich festhält.

Schlaf nicht zu lang
in gesicherten Wänden

Haus
hab
als Zelt.

Behalt das Herz des Wandrers

niste nur ein
als Zugvogel
sehnsüchtig nach anderem Land.

Gisela Dreher-Richels

Nur wer losfährt, wird ankommen

Andrea Schwarz

Alle paar Jahre erwischt es mich. Dann werde ich plötzlich unruhig. Ich spüre, da kommt etwas Neues auf mich zu, etwas Altes, bisher durchaus Bewährtes trägt nicht mehr. Da stellt einer eine Frage, und ich komme ins Nachdenken. Da wächst eine Idee in mir heran und lässt mich nicht mehr los. Da werden Pläne durchkreuzt, und Neuorientierung steht an.

Aufbruch ist angesagt. Nicht immer freiwillig, nicht immer besonders lustvoll – oft mit Angst besetzt, mit Trauer und Abschied – und doch irgendwie reizvoll.

Die Zeit im ruhigen Hafen war schön. Jetzt lockt das Meer, das Neue, das Andere, das Unbekannte.

Vor
dem Wind

wenn
du
voran
kommen willst

dann musst du
den sicheren Hafen
der Bequemlichkeit
der Geborgenheit
der scheinbaren Ruhe
verlassen

wag dich
hinaus
stell dich
dem Wind

mach die Leinen los
bestimme den Kurs
richte die Segel aus
und trau dich

nur
wer losfährt
wird
ankommen

Jane war dabei eine meiner Lehrmeisterinnen. Sie ist ein paar Jahre älter als ich, kommt ursprünglich aus Polen, ist ziemlich sturmtauglich und lebenserprobt – und hat 140 Quadratmeter Segelfläche. Heute hat sie ihren Heimathafen in Wismar.

Kennengelernt haben wir uns im Juni 2001. In meinem Urlaub wollte ich die Ostseeküste in den neuen Bundesländern erkunden und landete gegen Ende in Boltenhagen. An einem regnerischen, nassen Tag machte ich einen Ausflug nach Wismar, und als ich durch den Alten Hafen schlenderte, sah ich sie dort liegen und las das Schild: „Segeltörn in die Wismarer Bucht, Abfahrt 14.00 Uhr". Aber irgendwie – es war mir zu kalt, zu nass, ich hatte keine Regenkleidung dabei und war sowieso schon durchgefroren.

Am Abend dachte ich nur: Andrea, du bist wirklich eine blöde Kuh. Dein ganzes Leben lang träumst du davon, mal mit einem größeren Segelschiff rauszufahren – und jetzt hast du die Chance, und es ist dir zu kalt und zu nass, und du hast nicht die richtigen Klamotten dabei. Könnte es sein, dass du alt wirst?

Keine Frage, am nächsten Tag stand ich pünktlich um Viertel vor zwei an der Jane in Wismar – und genoss den Törn unsagbar!

Während der Fahrt reichte Micha, der Skipper, Visitenkarten herum und wies auf Mehrtagesfahrten mit der Jane hin. Und als ich wieder zu Hause war, war eine meiner ersten Aktionen, im Internet die Website der Jane anzuklicken, Mehrtagesfahrten. Für Anfang August wurde ein Törn als Zubringer zur Hanse-Sail in Rostock angeboten, dem Treffen der Großsegler. Das wäre toll! Mit einem Segelschiff zum Treffen der Segelschiffe! Ich befragte meinen Terminkalender und den Pfarrer – und meldete mich kurzerhand an.

Aber je näher der Termin rückte, umso mehr Bauchweh bekam ich. Fünf Tage mit Leuten, die ich nicht kenne, auf engstem Raum beieinander? War ich denn des Wahnsinns? Und was, wenn Sturm käme? Oder fünf Tage Regen? Und dann noch ganz alleine? Ich schwankte zwischen Absagen und Hinfahren und war bis zum letzten Tag unentschlossen. Mach ich's – oder mach ich's nicht? Was würde da auf mich zukommen? Würde ich das packen?

Kneifen wollte ich eigentlich nicht; aber so rechte Urlaubsstimmung wollte auch nicht aufkommen. Und noch auf der Fahrt nach Mecklenburg-Vorpommern überlegte ich, ob ich jetzt nicht einfach eine Autopanne habe …

Mir half dann die Erinnerung an meine Fußwallfahrt nach Santiago de Compostela – sieben Wochen, auf die ich mich auch eingelassen habe, ohne zu wissen, was da auf mich zukommt. Ich habe es überlebt – und ich habe es nicht nur überlebt, sondern mir wurden Erfahrungen geschenkt, die mein Leben geprägt haben. Und mit einer gewissen Schicksalsergebenheit ging ich dann an Bord. Sozusagen mit dem

Leben abgeschlossen – jetzt würde man sehen, was kommt ...

Es wurden fünf unvergessliche Tage! Für mich war alles neu und fremd. Ich wusste ja noch nicht mal, ob ich seekrank werden würde. Und je neuer und fremder etwas ist, umso eher ist alles in mir bereit, die Eindrücke ganz offen aufzunehmen. Wenn ich nicht mit Angst reagiere, sondern mit Neugier ...

Ich habe mich verliebt in diese Weite des Meeres und des Himmels, in die Wellen und das Singen des Windes in den Wanten. Ich habe unsagbar bewusst den Kontrast zwischen der Verlorenheit auf dem Meer und der Geborgenheit im Hafen erlebt – und die Sehnsucht, die einen am nächsten Morgen wieder in die Weite hinaustreibt.

Nicht stehen bleiben

Wer bei sich selbst stehen bleibt,
kommt nicht weit.
Aufregend
wird das Leben erst dann,
wenn wir uns herausrufen lassen
über die eigenen Grenzen hinaus.

Franz Kamphaus

Der Stimme des Herzens folgen

Pierre Stutz

Es ist nie zu spät, Schritt für Schritt zu verwirklichen, wofür ich zutiefst leben möchte. Der schwedische Regisseur *Ingmar Bergman* sagt, „dass das Leben nur die Bedeutung hat, die man ihm selber zumisst. Das ist an und für sich nichts Besonderes, aber für mich war es eine große Entdeckung".

Darum geht es im Leben: dem, was ich zutiefst spüre, die Bedeutung und das Gewicht geben, das es braucht, um ihm schließlich Ausdruck zu verleihen. Wenn ich auf diesem Weg Verbündete suche, werde ich erstaunt sein, wie sich mir neue Perspektiven eröffnen. Allerdings braucht es dazu beharrliche Geduld. Denn es ist gar nicht so einfach, in der Fülle der Möglichkeiten, die uns heute in unserer konsumorientierten Welt angeboten werden, die eigene Einmaligkeit zu fördern.

Das Horchen auf meine innere Mitte, auf die Stimme des Herzens, kann mir wegweisend sein.

Der Kraft des Neuanfangs trauen
unbelastet dem Neuen entgegengehen
weil ich nicht vor mir selber fortspringen muss
sondern sein darf mit meiner Geschichte

Die Kraft des Neuanfangs auskosten
schweigend unterwegs sein
ausgelassene Lebensfreude wecken
die mit Leib und Seele gefeiert wird

Gottes Wegbegleitung

Gesegnet seist du
in deinen Schritten der Achtsamkeit
die dich immer dich selbst werden lassen

Gesegnet seist du
in deiner Aufmerksamkeit
aus deiner Mitte heraus
mitzugestalten an einer zärtlicheren Welt

Gesegnet seist du
im Verbinden von Himmel und Erde
indem du in dir selber
das Helle und Dunkle verbindest

Gesegnet seist du
im Weitertragen der Sehnsucht
die dich jeden Tag
den Geschenkcharakter des Lebens erfahren lässt

Gesegnet seist du
im Sorge tragen zu deinem Leben
um vermehrt auch für andere aufstehen zu können
darin erfährst du Gottes Wegbegleitung
jeden Augenblick deines Daseins

2

Miteinander unterwegs

Das Geschenk der Gemeinschaft

Segenswort vom Jakobsweg

Möge der Weg der Pilgerschaft dazu verhelfen,
zu sich selbst zu finden und
sich den Mitmenschen zu öffnen.
Es ist eines jeden Einzelnen innerer Weg,
der uns die Fähigkeit entdecken lässt,
das, was wir haben,
mit anderen zu teilen.

Aufgezeichnet von Andreas Drouve

Mit dir auf dem Weg

dir nahe sein
und mich doch nicht in dir verlieren

mich dir hingeben
aber mich nicht aufgeben

von dir gehalten sein
und dich doch nicht festhalten

dir verbunden sein
und doch Freiheit atmen

in dir geborgen sein
und doch auf dem Weg bleiben

zu dir gehören
aber dich nicht besitzen

dich lieben
und doch lassen

Weggefährte bei der Suche
auf Heimat hin

Andrea Schwarz

Als Gast in meinem Haus

Gestern war ein Fremder
als Gast in meinem Haus.
Ich teilte mit ihm meine Speise,
ich füllte ihm den Becher zum Trinken,
ich spielte ihm ein Lied.

Und im Namen der Dreifaltigkeit
segnete mich der Fremde,
mich und meine Lieben,
mein Haus und mein Vieh.

Und über dem Dach
jubelte die Lerche:
Oft, oft, ja oft
kommt Christus durch unseren Ort
im Gewand eines Fremden.

Aus Irland
aufgezeichnet von Rainer Haak

Weggefährten

Pierre Stutz

Seit einiger Zeit begleitet mich ein kraftvolles inneres Bild. Ich sehe viele Menschen auf der ganzen Welt, die voll und ganz dastehen im Leben: Menschen, die geradestehen für ihr Leben, für ihre Gaben und ihre Grenzen. Menschen, die täglich üben, bewusst dazustehen, um Gott als tragenden Grund zu erfahren. Menschen, die aufstehen und sich auf den Weg machen, um Kranken, Einsamen, Fremden und Ausgegrenzten entgegenzugehen.

In diesem Bild verdichtet sich, was jedem verheißen ist: Christus steht auf in uns, um uns und unser Leben zu verwandeln ... In all unseren *durchkreuzten* Vorstellungen, in den Enttäuschungen über uns selbst und über andere wird uns die Kraft der Auferstehung zugesprochen. Indem wir die Verletzlichkeit und Brüchigkeit unseres Lebens annehmen, eröffnet sich eine neue Weltsicht. Wir können am Schwierigen wachsen. Gerade da, wo wir nicht mehr weiter wissen, kann sich in uns eine neue schöpferische Lebenskraft entwickeln.

In den letzten Jahren habe ich bei meinen Lesungen und Kursen mit vielen Menschen dieses Dastehen geübt – immer in der Haltung, dass diese schöpferische Kraft letztlich ein Geschenk bleibt ... Die verbindende Kraft, die entsteht, wenn wir etwas achtsam tun, was heute so schwierig geworden ist: bewusst dastehen in der Rückverbindung mit so vielen lebenden und verstorbenen Menschen, die aufgestanden sind für das Leben. Diese österliche Lebensgrundhaltung verbindet mich mit kranken und behinderten Menschen, die nicht mehr aufstehen können und die durch ihr alltägliches Einüben, zu ihrer besonderen Begrenzung Ja zu sagen, noch tiefer im Leben und im Vertrauen Gottes stehen.

Gemeinschaft

Wenn du mich festhalten willst
mein Freund
wirst du mich verlieren

wenn du mich begleiten willst
mein Freund
zum befreiten Mensch-Sein

wächst zwischen uns
eine Gemeinschaft
die unser beider Leben
prägen wird

Margot Bickel

Der Segen der Gemeinschaft

Henri Nouwen

In der „Arche"-Gemeinschaft Daybreak sind Feiern ein wichtiger Teil unseres gemeinsamen Lebens. Eine bewegende Feier, die ich nicht vergessen werde, fand anlässlich der Fertigstellung und Vorstellung von Bills „Lebensalbum" in unserer Gemeinschaft statt. Dieses „Lebensalbum" enthält eine bunte Sammlung von Fotos, Geschichten, Erinnerungen an besondere Ereignisse, Aufzeichnungen und Briefen, die zu einer Art Biographie zusammengestellt wurden.

Als Bill nach Daybreak kam, war er sechs Jahre alt und besaß fast keine Erinnerungen. Er hatte eine sehr schwere Kindheit hinter sich und wusste kaum, was Liebe und Freundschaft ist. Seine Vergangenheit war so zerbrochen, so leidvoll und so traurig, dass er beschloss, sie zu vergessen. Er war ein Mensch ohne Vergangenheit.

Aber im Laufe der fünfundzwanzig Jahre, die er inzwischen in Daybreak lebt, ist er mehr und mehr ein anderer geworden. Er schloss Freundschaften, entwickelte eine enge Beziehung zu einer Familie, die er an Wochenenden oder Feiertagen besucht, wurde Mitglied eines Kegelclubs, lernte schreinern und begleitet mich immer wieder auf meinen verschiedenen Vortragsreisen. So schuf er sich ein Leben, das der Erinnerung wert ist. Er fand sogar die Freiheit und den Mut, sich an die eine oder andere leidvolle Erfahrung aus der Kindheit zu erinnern und seine verstorbenen Eltern wieder als Menschen zu sehen, die ihm – bei all ihren Grenzen – das Leben und Liebe geschenkt haben.

So gab es nun genug Stoff für ein „Lebensalbum", weil er jetzt eine schöne, wenn auch leidvolle Geschichte erzählen konnte. Einige seiner Freunde schrieben Bill einen Brief, in dem sie ihre Erinnerung an ihn festgehalten hatten. Andere schickten Fotos oder Zeitungsausschnitte von Begebenheiten, an denen Bill beteiligt war, und wieder andere sandten selbstgemalte Bilder, die zeigen sollten, dass man ihn gern hat. Nach sechsmonatiger Arbeit war das Album endlich fertiggestellt und damit auch der Zeitpunkt gekommen, nicht nur das nun vollendete neue Album, sondern auch Bills Leben, das es darstellt, zu feiern.

Eine große Schar hatte sich zu dieser Feier in der Kapelle der Daybreak-Gemeinschaft eingefunden. Bill nahm das Album in die Hände und hob es über seinen Kopf, damit es alle sehen konnten. Es war ein schönes, großes Ringbuch mit einem farbigen Deckel und vielen bunten, kunstvoll umrahmten Seiten. Wenn es auch Bills persönliches Album war, so war es doch das Werk seiner Freunde und Begleiter.

Wir segneten nun das Album und Bill, der es stolz in Händen hielt. Ich sprach ein Gebet, dass das Album Bill helfen möge, vielen Leuten zu zeigen, was für ein sympathischer, freundlicher junger Mann er ist und wie gut er sein Leben zu meistern versteht. Ich betete auch darum, dass Bill sich an jede Zeit seines Lebens – an Freude *und* Leid – mit dankbarem Herzen erinnern soll.

Während ich das Gebet sprach, traten Bill die Tränen in die Augen. Gleich nach dem „Amen" kam er zu mir, umarmte mich, lehnte sich an meine Schulter und schluchzte laut, während er den Tränen freien Lauf ließ. Alle schauten uns an und verstanden, was in diesem Augenblick in Bill vorging. Bill hatte sein Leben erhoben und es uns allen gezeigt. Er selbst war fähig geworden zu zeigen, dass es ein Leben ist, um dankbar zu sein.

Seitdem nimmt Bill sein „Lebensalbum" auf jede Reise mit. Er zeigt es vor als ein Mensch, der daran glaubt, dass er sich seines Lebens nicht schämen muss, sondern dass sein Leben eine Gabe für andere ist.

Wenn wir den Kelch des Leids und der Freude erheben,

damit ihn andere sehen und feiern können, wird er ein wahrer Kelch des Lebens. Bittere Erfahrungen aus der Vergangenheit, an die wir nicht mehr zurückdenken möchten, machen es uns leicht, ein verkürztes, abgekapptes Leben zu führen. Oft erscheint uns die Last der Vergangenheit zu drückend, um sie allein tragen zu können. Scham und Schuldgefühle verleiten uns dazu, einen Teil von uns zu verbergen, und lassen uns dadurch nur ein halbes Leben führen.

Wir brauchen tatsächlich einander, um unser Leben voll und ganz zu unserem Leben zu machen und es voll und ganz zu leben. Wir brauchen einander, um uns von den Einschränkungen, die wir uns selbst auferlegen, zu befreien und nicht nur für unsere Erfolge und Leistungen dankbar zu sein, sondern auch für unser Versagen, unsere Versäumnisse und Unzulänglichkeiten. Wir müssen fähig sein, unseren Tränen freien Lauf zu lassen, den Tränen des Schmerzes wie der Freude, den Tränen, die wie Regen auf dürren Boden fallen. Wenn wir so unser Leben füreinander erheben, können wir tatsächlich „Auf das Leben!" sagen, weil alles, was unser Leben umfasst, nun der fruchtbare Boden für die Zukunft wird.

Meistens blicken wir auf unser Leben zurück und sagen: „Ich bin für alles *Gute* dankbar, das mich zu dem werden ließ, der ich bin." Erheben wir aber unseren Kelch „Auf das Leben", müssen wir den Mut haben zu sagen: „Ich bin für *alles* dankbar, was ich mitgemacht habe und was mich bis hierher geführt hat." Diese Dankbarkeit, die alles aus unserer Vergangenheit umfasst, macht unser Leben zu einer wirklichen Gabe für andere, weil sie Verbitterung, Groll, Reue und Rachlust wie auch alle Eifersucht und Rivalität auslöscht. Sie lässt unsere Vergangenheit zu einer fruchtbaren Gabe für die Zukunft werden und macht unser Leben – in all seinen Schattierungen – zu einem Leben, das Leben schafft.

Stärke für den Weg

Ylva Eggehorn

"Sie riefen Rebekka herbei und fragten sie: Willst du mit diesem Mann reisen? Sie antwortete: "Ja, das will ich." (Genesis / 1 Mose 24,58). Rebekka ist eine Frau aus Nahors. Sie ist jung und schön.

„Abenteuerlustig", sagt ihr Bruder.

„Eigensinnig!", sagt ihre Mutter.

„Das Mädchen weiß, was sie will", sagt ihr Vater. „Das hat sie von mir!"

Nein, was ihre Familie über sie denkt, steht nicht in der Bibel. Ihren Namen, ihre Stadt, das erfahre ich. Nicht viel mehr. Aber sie ist eine der wenigen Frauen in den biblischen Erzählungen, der wir ein großes Stück ihres Lebensweges folgen können, von ihrer Jugend bis zum Alter. Sie ist eine starke Persönlichkeit, klug und voller Selbstvertrauen. Sie wird niemals als „religiös" oder „fromm" geschildert. Wir hören kein Gebet, kein Loblied von ihren Lippen, keinen Hilferuf, sei es an himmlische oder irdische Mächte. Wenn man nach dem Prototyp eines mündigen Menschen sucht, kann man die Erzählung von Rebekka mit großem Gewinn lesen. Sie ist stark und fähig, und es dauert seine Zeit, bis sie an ihre Grenze kommt.

Am Anfang der Erzählung erfahren wir, dass Rebekka eine entfernte Verwandte von Sara ist. Sara, die mit Abraham aufbrach, um ein anderes Land zu suchen. Seitdem sind viele Jahre vergangen. Sara ist gestorben. Der Sohn Isaak betrauert den Tod seiner starken Mutter. Abraham sendet einen seiner Männer aus, den treuen Diener Elieser, um eine passende Frau für Isaak zu suchen. Der Bursche hängt ja nur noch herum und hat alle Lebenslust verloren …

Hier steht nun Rebekka abends am Brunnen. Sie will Wasser holen für ihre Familie und das Vieh. Das ist kein Bilderbuchidyll im warmen Gegenlicht, sondern harte körperliche Arbeit. Wie viel trinkt ein Kamel? Wie viel trinken zehn? Wie viele Eimer müssen mit dem groben Seil hintergelassen und wieder emporgezogen werden? Dort trifft sie der alte Mann, den Abraham ausgesandt hat.

Er achtet nicht so sehr darauf, dass sie jung und schön ist. Er sieht auf ihre Arme. „Wenn sie auch meinen Kamelen Wasser geben will, ist sie die Richtige. Die Richtige muss stark sein." Rebekka ist stark. Sie will. Sie gibt dem Fremden Wasser, und ohne dass er sie darum bittet, zieht sie auch Wasser für seine Tiere herauf. Sie tränkt seine Kamele …

Das Gespräch am Brunnen schließt damit, dass Elieser nach Hause zu Rebekkas Familie eingeladen wird. Er hat bereits Zeit gehabt, sich zum Boden zu neigen in Dankbarkeit dafür, dass er die Richtige gefunden hat, und sie hat einen schönen Armring als Geschenk entgegengenommen, aber damit ist die Sache noch nicht klar. Hier läuft alles nach den alten Traditionen ab: Zuerst gibt es ein Abendessen, dann folgen die Hochzeitsverhandlungen. Elieser ist kein junger Mann, und er braucht genügend Zeit. Umständlich und weitschweifig erzählt er Rebekkas Eltern die ganze Geschichte: von Saras Tod, Isaaks Trauer, Abrahams Auftrag, von seinen eigenen Zweifeln, von dem Gebet um ein deutliches Zeichen, dem Zusammentreffen mit Rebekka am Brunnen und der erstaunlichen Antwort auf seine Gebete. Sicher zog sich das lange hin, bis in die Nacht, und das muss eine harte Prüfung für so eine ungeduldige junge Frau wie Rebekka gewesen sein.

Als Elieser sein Anliegen in ihrem Elternhaus vorgebracht hat, nimmt sie die angebotene Bedenkzeit nicht in Anspruch. Sie antwortet direkt: „Ich reise morgen!"

Die Erzählung setzt wieder ein mit der ersten Begegnung zwischen Rebekka und Isaak. Sie erblicken einander von weitem. Er ist draußen auf dem Feld „in düsteren Gedanken", als die Silhouette einer Frau, die auf einem Kamel reitet – kaum sichtbar für das bloße Auge – am Horizont auftaucht. Er sieht sie. Sie sieht ihn. Und als sie näher kommt, verbirgt sie ihr Gesicht hinter einem Schleier. Nicht ein Wort wird darüber verloren, was die zwei bei ihrer ersten Begegnung empfinden, aber man kann deutlich „hören", wie der Erzähler den Atem anhält. Es dauert nicht lange, bis Isaak Rebekka in Saras Zelt führt. Sie ist die neue Frau in seinem Leben. Und die Erzählung sagt uns, kurz gefasst und zurückhaltend, dass er sie liebt. Sie tröstet ihn in der Trauer um seine Mutter.

Isaak wurde getröstet in der Trauer um seine Mutter, sagt die Erzählung. Wer tröstete Rebekka? Woher holte sie ihre Stärke? Ihr Leben wurde alles andere als leicht. Es dauerte wohl nicht lange, bis ihr klar wurde, dass sie all ihre Kräfte benötigt, um damit fertig zu werden. Lange habe ich mich gefragt, wie Rebekka dieses Leben ertragen konnte. Bis ich eines Tages eine kurze Notiz las, weiter hinten in der Erzählung, mitten in der Geschichte von Jakob. In einigen wenigen Zeilen erfahren wir, dass „Debora, Rebekkas Amme, starb und unter einer Eiche begraben wurde, die den Namen Träneneiche erhielt."

Ich glaube, dass Rebekka ein großes Vertrauen in ihre eigene Kraft und ihre Möglichkeiten hatte. Sie war wirklich stark, und das wusste sie. Sie nahm das als selbstverständlich hin. Das Problem mit starken und guten Menschen ist, dass sie lange Zeit brauchen, bis sie ihre Grenzen erkennen. Vielleicht fand Rebekka ihre Grenze erst, als sie ziemlich alt war. Und da, so glaube ich, entdeckte sie etwas sehr Wichtiges: Sie hatte das alles nicht allein geschafft. Sie hatte es als gegeben hingenommen, als selbstverständlich – ein Geschenk, das sie Tag für Tag erreicht hatte, aus einer stillen, unterirdischen Quelle. Jemand war ihr ein Leben lang gefolgt, eine Person, die ihre grundlegenden Bedürfnisse erfüllt hatte, lange bevor sie reden oder sich erinnern konnte. Diese Person war Debora.

Als die Erzählung von Rebekka beginnt, ist sie eine Frau ohne Namen. Als Rebekka Nahors verlässt, ist nur von „einigen Dienern" die Rede, die mit ihr ziehen, darunter auch die Amme. Aber die Jahre vergehen. Mit der Zeit löst sich die Amme aus der selbstverständlichen Anonymität. Debora wird sie selbst, eine Person, und sie gibt einem Baum ihren Namen.

Als Debora stirbt, hat Rebekka eingesehen, dass sie die heimliche Quelle ist, die ihr Kraft und Gnade spendet, ohne selbst eine große Sache daraus zu machen. Gnade ist kein Blitz vom Himmel, und Gnade ist auch keine Belohnung für gutes Verhalten. Gnade ist Gottes unterirdischer Liebesstrom, der durch unser Leben fließt. Egal, ob wir das merken oder nicht!

Wege, die verändern

Margot Käßmann

Ach du liebe Zeit, da kommst du vom Feld, müde von der Arbeit, und dann das: *„Und als sie ihn abführten, ergriffen sie einen Mann, Simon von Kyrene, der vom Feld kam, und legten das Kreuz auf ihn, dass er's Jesus nachtrüge"* (Lukas 23,26). Eine Menschenmenge, schreiende Frauen, Soldaten und ein Gefangener. Und plötzlich kommen auch noch Soldaten auf dich zu, greifen dich brutal an und brüllen: Da, trag das Kreuz, und legen es dir auf die Schulter.

Mitten in eine Tragödie, mitten in Tumult und Angst ist Simon von Kyrene da hineingeraten. Was soll er tun? Er schultert das Kreuz und zieht es mehr schlecht als recht hinter Jesus her. Das ist äußerst demütigend. Er will nicht hier sein. Brutal wird er von den Soldaten gezwungen.

Simon erlebt eine Situation, die er wohl sein Leben lang nicht vergessen wird ... Ob ihn der Weg hinauf nach Golgotha verändert hat? Ob er gespürt hat: Das ist ein ganz besonderer Mensch, dieser Jesus, hier stirbt einer unschuldig? Ob er Mitleid hatte oder nur Zorn darüber, dass er in diese Situation geraten war? Wir wissen es nicht.

Aber das Zeichen, dass ich für einen anderen das Kreuz trage, ist bis heute ein tiefes christliches Symbol in allen Kulturen der Erde. Schotte ich mich ab, denke ich nur an mich oder bin ich bereit, für einen anderen, für eine andere einzustehen? So wie Jesus selbst das ja tat für uns. Jesus ist derjenige, der das Kreuz für uns alle trägt. Dieses Zeichen wird die Welt bewegen. Simon von Kyrene, er ist der Erste, der als ganz durchschnittlicher Mensch das Kreuz auf sich nimmt, der Erste in der Nachfolge sozusagen.

Solche Menschen beeindrucken mich auch heute. Ich denke etwa an die ambulante Pflege. Sicher, das ist ein Beruf, manche würden sagen, da tragen welche ein Kreuz gegen Bezahlung, das lässt sich doch nicht vergleichen. Aber dann erfahre ich in den Gesprächen, wie viele Pflegerinnen sich weit über das Dienstliche hinaus engagieren. Da erzählt die eine: „Ich bringe manchmal Kuchen mit. Das Strahlen in den Augen der alten Frau belohnt mich dafür." Und eine andere berichtet: „Der alte Mann weint jedes Mal, wenn ich gehe, weil ja niemand sonst vorbeikommt. Und dann bleib ich halt noch und höre mir seine Geschichte an." Dass diese Frauen und die wenigen Männer in diesem Beruf so wenig Anerkennung erhalten, ärgert mich. Sie tragen wirklich die Lasten anderer mit und stehen gleichzeitig unter großem Druck.

Vielleicht müssen wir in Deutschland neu lernen, dass Nächstenliebe, einen anderen ent-lasten, auch für uns selbst eine tiefgreifende, ja verändernde Erfahrung ist. Es lässt sich nicht alles in Zahlen, Daten und Fakten verrechnen.

Im Leben sind es oft gerade die überraschenden Erfahrungen, auf die wir nicht eingestellt waren, die sich tief in unser Gedächtnis einprägen. Und es bereichert uns selbst, wenn wir anderen zur Seite stehen. Wie viel gäbe es zu tun, wie viele Einsame zu besuchen, wie viele Mütter zu entlasten, wie viele Kinder zu begleiten in diesem Land. Die so genannte „gute Tat" tut nicht nur dem Empfänger oder der Empfängerin gut! Wer etwas gegeben hat, wer hilft, spürt doch auch innerlich Freude, Glück. Ein solcher Mensch kann den eigenen Weg gesegnet weitergehen.

Segen der Begegnung

Es gibt Begegnungen,
in denen alles in dir hell wird,
die deine Seele
aufleuchten lassen,
als stünde ein Engel
im Raum.

Ich wünsche dir
das Geschenk solcher heiligen Augenblicke,
in denen dir das Licht des Himmels
mitten ins Herz scheint.

Christa Spilling-Nöker

Füreinander

Gott kommt uns entgegen
bei Licht und in Dunkelheiten.
Er geht mit uns tags und nachts.
Wir können Einsamkeit riskieren
und Angst zugeben.
Und wir können füreinander
den Nachtdienst übernehmen.

Franz Kamphaus

Tausend Wege

Phil Bosmans

Du kannst nicht leben ohne Menschen, die dich mögen,
Menschen, die dir von Zeit zu Zeit unaufgefordert
zu verstehen geben: Mensch, ich hab dich gern.
Das ist von größter Bedeutung in der Ehe.
Das ist eine Lebensnotwendigkeit für ein Kind.
Eine Quelle des Glücks für einen alten Menschen.
Ein Stück Gesundheit für einen kranken Menschen.
Ein stiller Trost für einen einsamen Menschen.
Es müssen nicht teure Aufmerksamkeiten sein.
Geschenke können auch dazu missbraucht werden,
um Menschen zu betäuben, dass keine Liebe mehr da ist.

Wahre Liebe findet tausend Wege
zum Herzen des Mitmenschen,
Wege, auf denen du dich selbst verschenkst,
gratis.

Durch tausend Fäden sind wir miteinander verbunden.
Ein Leben hängt am anderen.
Mein Leben kann sich nur entfalten mit anderen.
Ich brauche sie nicht nur, weil ich auf sie angewiesen bin
und sie so viel für mich bedeuten.
Ich brauche sie auch, weil ich so viel für sie tun kann.

Ich habe Augen, um die anderen zu sehen,
Ohren, um sie zu hören,
Füße, um zu ihnen zu gehen,
Hände, um sie ihnen zu geben,
und ein Herz, um sie zu lieben.

Der Weg der Gemeinschaft

Anselm Grün

Der heilige *Benedikt* fordert seine Mönche auf, sich gegenseitig zu gehorchen. Wir brauchen den Bruder und die Schwester, den Freund und die Freundin, wir brauchen den Ehepartner, um zu entdecken, wie es um uns steht. Gerade im Miteinander einer Familie kommt es darauf an, aufeinander zu hören, auf die wirklichen Bedürfnisse der anderen zu hören, die mir sagen, was den anderen in seinem Herzen eigentlich bewegt.

Jede Begegnung lebt vom offenen Ohr und vom offenen Herzen. *Martin Buber* meint, die Kunst würde darin bestehen, das Herz ganz nah an seinem Ohr zu haben, mit dem Herzen zu hören, was der andere mir sagen möchte. Gehorsam heißt dann: zulassen, was der andere mir zu sagen hat, die Botschaft und die Herausforderung des anderen an mich heranlassen.

Im Mönchtum wird in diesem Zusammenhang das Thema des schwierigen Mitmenschen behandelt, der mich auf meine eigenen Wunden hinweisen möchte, der mir meine blinden Flecke aufdeckt. *Hermann Hesse* meint einmal: „Was nicht in uns ist, das regt uns auch nicht auf." Wenn wir sehr emotional auf einen Menschen reagieren, ist das ein Zeichen, dass er uns auf die eigenen Schatten hinweist. Der andere ist eine wichtige Quelle der Selbsterkenntnis.

Ohne die Konflikte mit unseren Freunden, mit unseren Partnern, würden wir nie erkennen, was uns eigentlich bewegt, wo wir uns selbst noch nicht angenommen haben.

Unser Novizenmeister meinte einmal, Gott schicke ihm immer die Novizen, die gerade seine Schattenseiten aufdecken. Das gilt auch von den Kindern einer Familie, die den Eltern meistens die Seiten vorspiegeln, die sie bei sich selbst verdrängt und nicht zugelassen haben.

Es gibt wohl keinen, der nicht in eine menschliche Gemeinschaft eingebunden ist, sei es die Familie, die Gemeinde, die Firma oder der Freundeskreis. Menschliches Miteinander wird nur möglich, indem wir aufeinander hören. Wenn jeder in der Gemeinschaft der Kirche, des Staates, des Dorfes, der Familie nur auf sich selbst hören würde, entstünde ein Chaos. Wir müssen auch auf die anderen hören, nicht um alles zu übernehmen, was die anderen sagen, sondern um zu spüren, wie wir mit unseren verschiedenen Ansichten und Bedürfnissen auf einen gemeinsamen Nenner kommen.

Gehorsam meint die Bereitschaft, sich auf die Gemeinschaft einzulassen, seine eigenen Bedürfnisse nicht absolut zu setzen, sondern in der Gemeinschaft ein eigenes Gut zu sehen, eine Gabe, die das menschliche Leben bereichert. Gehorsam meint ein gemeinsames Hinhören, wo Gott unsere Familie, unsere Gemeinde, unseren Kreis heute herausfordern möchte, wie wir konkret eine Antwort geben könnten auf die Zeichen der unserer Zeit. Gehorsam heißt Zulassen neuer Möglichkeiten in uns selbst, indem wir aufeinander hören. Gehorsam heißt aber auch, neue Wege in der Verantwortung für unsere Welt zu beschreiten, gemeinsam politische Fantasie zu entwickeln, um nicht nur für unseren kleinen Kreis, sondern für diese Welt Wege des Miteinanders und der Versöhnung zu finden.

Das Geschenk der Gemeinschaft

Benedikt XVI.

Wie Johannes der Täufer, sein unmittelbarer Vorläufer, so wendet sich Jesus zuallererst an Israel (vgl. Mt 15,24), um es in der Endzeit, die mit ihm angebrochen ist, zu „sammeln". Und wie die Predigt des Johannes, so ist auch die Verkündigung Jesu gleichzeitig Gnadenruf und Zeichen des Widerspruchs und des Gerichts für das gesamte Volk Gottes. Vom ersten Augenblick seines Heilswirkens an strebt deshalb Jesus von Nazaret danach, das Volk Gottes zu sammeln. Auch wenn seine Verkündigung immer ein Aufruf zur persönlichen Umkehr ist, hat er in Wirklichkeit stets den Aufbau des Volkes Gottes als Ziel vor Augen, das zu sammeln, zu reinigen und zu retten er gekommen ist …

Aus der Sicht der biblischen Tradition und innerhalb des Judentums, in die sich das Wirken Jesu stellt, wenn auch in seiner ganzen Neuheit, wird deutlich, dass die ganze Sendung des fleischgewordenen Sohnes eine auf Gemeinschaft ausgerichtete Zielsetzung hat: Er ist eben dazu gekommen, die zerstreute Menschheit zu einen; er ist eben dazu gekommen, das Volk Gottes zu sammeln, zu einen.

Dein Nächster ist wie du

Pierre Stutz

„Liebe deinen Nächsten, denn er ist wie du!", übersetzt *Martin Buber* das Liebesgebot aus der Bibel. Es hilft mir, die Spirale des Sündenbockmechanismus zu überwinden. Es bedeutet, das, was mich stört beim andern, auch in mir zu entdecken; es bedeutet, bei mir anzufangen, die Unzufriedenheit, die Überforderung, die Ängste wahrzunehmen. Es bedeutet, die Tür zu meinen Gefühlen zu öffnen und, falls ich den Schlüssel verloren habe, ihn mit Nachdruck und Behutsamkeit zu suchen: indem ich Momente des Innehaltens fördere, die mir helfen, meine Motivation und meinen Umgang mit mir und anderen zu überprüfen.

Verantwortung

Jeder ist für alle verantwortlich.
Jeder ist allein verantwortlich.
Jeder ist allein verantwortlich für alle.

Antoine de Saint-Exupéry

Der treue Gefährte

Jakobuslegende, nacherzählt von Andreas Drouve

Es begab sich im Jahre 1080, als dreißig Männer aus Lothringen zum Apostelgrab nach Galicien aufbrachen. Es waren allesamt Ehrenleute, die sich, so sagt man, vor ihrem Abmarsch zu einem Treueschwur zusammenfanden.

„Auf unserer Pilgerschaft wollen wir uns für Zeiten der Not und der Entbehrung und in der Stunde unseres Todes gegenseitig Hilfe und Beistand zusichern", gelobten sie feierlich, wohl ahnend, dass nicht alle die Heimat wiedersehen würden. Nur einer der Männer hielt sich abseits und gab sein Wort nicht.

Die Gefährten machten sich auf, zogen durch die weiten Gegenden Frankreichs und bewältigten die Strapazen, bis sie wohlbehalten den Landstrich der Gascogne erreichten. Dort wurde plötzlich einer der Pilger krank. Er fühlte sich zu schwach, um weiter marschieren zu können. Statt länger in einem der Orte am Wege zu bleiben und ihm Zeit zur Genesung zu geben, waren seine Kameraden auf zügiges Fortkommen bedacht und besannen sich auf ihren Eid. Einmal setzten sie ihn ein Wegstück lang auf den Rücken eines Begleitpferdes, ein anderes Mal nahmen sie ihn abwechselnd auf und trugen ihn auf ihren Schultern oder in den Armen voran. Der Transport des Kranken zehrte an den Kräften der Männer, zumal die Gegenden rauer und die Strecken im Vorland der Pyrenäen beschwerlicher wurden. Sie schafften es bis zum Gebirgsfuß, doch hatten sie für eine Passage, die im Regelfall an einigen wenigen Tagen zu bewältigen war, das Dreifache an Zeit gebraucht. Übermüdet und ausgelaugt machten sie vor dem Aufstieg auf die Passhöhen der Pyrenäen eine Rast und fassten den Entschluss, ihren Gefährten zu verlassen.

„Er ist dem Tode geweiht und raubt uns unsere eigenen Kräfte, die wir im Gebirge dringend brauchen werden", sagte einer unter dem zustimmenden Nicken der anderen. Dann kehrten sie sich ohne weitere Rücksicht ab, nahmen ihre Packtiere und setzten ihren Pilgerzug fort. Einzig jener Mann, der keinen Treueeid abgelegt hatte, blieb bei dem Hilfsbedürftigen und wachte die kommende Nacht in einem Örtchen namens Saint-Michel an seiner Seite. Am Morgen, als Sonnenglanz über den Bergen lag und das Grün der Wiesen und Bäume sich gegen den strahlend blauen Himmel abhob, fühlte sich der Kranke wesentlich besser. Er wolle an diesem Tag unter allen Umständen hinauf auf den Pass, sagte er, vorausgesetzt, er dürfe die Hilfe des Freundes in Anspruch nehmen. Der treue Begleiter willigte ein und bekundete, er werde ihn bis zu seinem Tod nicht verlassen. Es sollte ihr letzter gemeinsamer Tag sein …

In Saint-Michel packten sie ihre Bündel und den kärglichen Proviant, die Stöcke und die Trinkkalebassen. Bald sah man, wie die beiden Gestalten in ihren weiten Umhängen, dicht an dicht und jeder auf seinen Stecken gestützt, im Gebirge verschwanden. Der Gedanke an das Ziel, die Überquerung des Passes, verband sie und ließ sie all die Gefahren vergessen, von denen man ihnen berichtet hatte. Vor Wegelagerern hatte man sie gewarnt, vor den Wetterwechseln und den Wölfen. Zu Tagesbeginn kamen sie gut voran, ließen die Tiefen des Tales hinter sich und begegneten keiner Menschenseele. Unablässig zog sich der Pfad steil und steinig bergauf. Trotz des Schattens, den die Blätterdächer der Bäume spendeten, nahm die Hitze über Mittag zu. Ihr beider Atem ging schneller, immer öfter verlangte der Kranke nach einer Pause, nach Wasser. Mühsam kam er erneut auf die Beine und schleppte sich mit Hilfe seines Kameraden voran, der ihm stützend unter die Arme griff und allmählich selber seine Kräfte schwinden sah. Das Gelände wurde unwirtlicher, schroffer, felsiger. Als die Sonne hinter den Gipfeln versank, wurden ihre Strapazen belohnt. Endlich erreichten sie die ersehnte Passhöhe.

„Wir haben es geschafft, endlich geschafft", stöhnte der Kranke. Es waren seine letzten Worte, ehe das Lebenslicht endgültig in ihm erlosch. Ohnmächtig sank er nieder und hauchte sein Leben aus.

Wortlos starrte der Zurückgebliebene auf seinen Gefährten, der neben ihm auf dem harten Gebirgsboden lag. Er bemerkte, wie Angst in ihm aufstieg, spürte die aufziehende Kälte der Nacht, die Einsamkeit. Voller Furcht schaute er um sich und ließ den Blick über Felsgebilde schweifen, die wie geisterhafte Silhouetten wirkten.

„Heiliger Jakobus, bitte", flüsterte er, „lass mich hier nicht allein."

Im selben Moment tauchte ein Reiter in einem leuchtenden Strahlenkranz auf, der niemand anders war als der Apostel.

„Du hast mich gerufen, Bruder? Was machst du hier?", sprach er hoch von seinem weißen Pferd herab zu dem Fremden.

„Herr", antwortete der Mann, „zuerst möchte ich meinem Gefährten eine Stelle für seine letzte Ruhe bereiten, doch habe ich nichts, womit ich ihn in dieser Öde begraben könnte."

„Hebe den Toten auf und reiche ihn mir", sagte Jakobus.

Der Mann tat, wie ihm geheißen.

Vorsichtig zog Jakobus den Verstorbenen zu sich heran, setzte den leblosen Körper aufrecht vor sich hin und umfasste ihn mit beiden Armen.

„Und nun nimm hinter mir Platz und halte dich gut fest", wies er den Mann an, dem er auf den Rücken des Schimmels half. Dann sprengte das Ross mit den drei Männern fort und erreichte vor Anbruch des Morgens den Monte do Gozo, den „Berg der Freude" vor Santiago de Compostela.

„Geh in die Basilika", trug Jakobus dem Mann zum Abschied auf, „und bitte die Priester dort um eine würdevolle Bestattung dieses Pilgers." Dann setzte er hinzu: „Sobald du siehst, dass die Priester ihr Werk verrichtet haben und du eine ganze Nacht lang, wie üblich, mit Gebeten verbracht hast, begibst du dich auf den Rückweg. In einer Stadt, die León heißt, wirst du die anderen Männer wiedertreffen und ihnen Folgendes von mir ausrichten: ‚Dadurch, dass ihr den Schwur gegenüber eurem Gefährten treulos gebrochen habt, lässt euch der heilige Apostel durch mich mitteilen, dass ihm eure Gebete und eure Pilgerschaft solange zutiefst missfallen, bis ihr eine angemessene Buße getan habt.'"

Im selben Augenblick löste sich die Erscheinung des Jakobus vor dem Mann in Luft auf.

Der treue Pilger befolgte die Weisungen des Heiligen und trat den Weg in die Heimat an. In León begegnete er tatsächlich den verbliebenen achtundzwanzig Männern aus Lothringen, denen er alle Einzelheiten seit ihrer Trennung erzählte und ihnen den Zorn des Jakobus bestellte. Niemand zweifelte an den Worte des alten Gefährten, sondern alle versanken in Scham ob ihrer Tat. Umgehend suchten sie den Bischof von León auf, bereuten glaubhaft ihre Sünde und taten Buße. Schließlich vollendeten sie ihre Pilgerfahrt nach Santiago.

Gemeinsam auf dem Weg

Franz Kamphaus

Heute reden wir von Service und von Dienstleistungen, von Kundenorientierung. Mobilität und Flexibilität zeichnen den erfolgreichen Angestellten aus, der im Aufzug zwischen dem ersten und dritten Stock erklären kann, wo sein Platz in der Wertschöpfung der Firma ist. Dienen meint Wertschöpfung in einem anderen Sinn. Die alleinerziehende Mutter einer behinderten Tochter, die sagt: „Wir sind überzeugt, dass behindertes Leben ein schönes Leben ist", hat den Sinn ihres Lebens entdeckt in der Beziehung zu anderen, die auch in Krankheit und Verlusten trägt ...

Christen sind keine Einzelkämpfer. Die hinter Jesus her sind, halten Tuchfühlung nach rechts und links, haken sich ein. „Einer trage des anderen Last." Auch die, die nicht so recht mitkönnen, nehmen wir mit. Wir wagen den Weg gemeinsam, in der Gemeinschaft von Männern und Frauen, von Jugendlichen und Älteren, von Ausländern und Einheimischen. Für die, die hinter Jesus her sind, gilt nicht das Recht des Stärkeren, sondern das Recht des Schwächeren.

Wenn man sich auf den Weg macht, sollte man möglichst wenig Gepäck mitnehmen. Jesus sagt das seinen Jüngern (Matthäus 10,5–12): *„Steckt nicht Gold, Silber und Kupfermünzen in euren Gürtel. Nehmt keine Vorratstasche mit auf den Weg ..."* Haben wir nicht in der Regel viel zu viel Zeug bei uns? Die viel mitnehmen, haben es unterwegs schwer. ... Wer nicht viel Gepäck hat, bleibt beweglich, ist veränderungsbereit ...

Zusage

du brauchst nicht
das Unmögliche
möglich zu machen
du brauchst nicht
über deine Möglichkeiten
zu leben
du brauchst dich nicht
zu ängstigen
du brauchst nicht
alles zu tun
du brauchst
keine Wunder zu vollbringen
du brauchst dich nicht
zu schämen
du brauchst nicht
zu genügen
du brauchst Erwartungen an dich
nicht zu entsprechen
du brauchst
keine Rolle zu spielen
du brauchst nicht immer
kraftvoll zu sein

und du brauchst nicht
alleine zu gehen

Andrea Schwarz

3

Spuren auf dem Weg

Sehnsucht, die uns vorantreibt

Segenswort vom Jakobsweg

Mögest du aus deinem Weg
eine unaufhörliche Begegnung machen.
Komm aus dir selber heraus.
Teile deine Erfahrungen mit,
deine Erlebnisse.
Verteidige deine Ansichten.
Mögest du jegliche Art
von Grenzen überwinden.

Aufgezeichnet von Andreas Drouve

Der Weg der Entscheidung

Anselm Grün

Wenn ich allein in meiner Kloster bete, dann kommen mir manchmal Zweifel: Stimmt das denn alles, was du dir von Gott denkst oder ist das nicht alles Einbildung? Stellst du dir das so vor, weil es so schön ist, weil du damit gut leben kannst, weil es sich so besser predigen oder schreiben lässt? Wenn diese Zweifel kommen, versuche ich, sie zu Ende zu denken. Ich sage mir: Ja, das kann sein, dass alles nur Einbildung ist; alle religiöse Literatur ist nur Einbildung, Beruhigung des Menschen, dass er besser leben kann, Illusion, um die Augen vor der bitteren Wirklichkeit zu verschließen.

Doch wenn ich das zu Ende denke, dann kommt eine tiefe Gewissheit in mir auf: Nein, so absurd kann das menschliche Leben nicht sein. Ich kann mir einfach nicht vorstellen, dass all die Heiligen nur Illusionen nachgelaufen sind, dass alle Kultur nur Nervenberuhigung ist. Es ist die Grundfrage, ob wir Menschen überhaupt etwas von der Wahrheit erkennen können oder ob wir nur im Dunkeln tappen und uns eine Illusion zurechtschneidern. Aber dann ist alles absurd.

Wenn ich diese Absurdität zulasse, spüre ich nicht nur innere Gewissheit, sondern dann entscheide ich mich auch für die Alternative des Glaubens: Ich will auf diese Karte setzen. Ich will einem heiligen *Augustinus* folgen und nicht den Skeptikern, die in der Absurdität des Daseins ihre Lebensphilosophie finden. Und dann bekommt für mich das Gebet eine neue Dimension. Ich darf mich an den Urgrund des Seins, an die Ursache der ganzen Schöpfung wenden als ein Du. Ich darf dieses Du ansprechen, das da hinter dem Schleier der sichtbaren Welt verborgen ist. Ja, dieser Gott, dieses geheimnisvolle Du hat mich zuvor angesprochen.

Die Kraft
wächst mit dem Weg

wenn du
Gott vertraust
seiner Zusage
glaubst
den nächsten Schritt
wagst

ohne zu ahnen
wohin der Weg führt
ohne zu wissen
wie das Ziel heißt
nur von Hoffnung
und Sehnsucht getrieben

dann wirst du
achtsam bleiben
wach mit allen Sinnen
suchen und sein
und dankbar für Zeichen und Worte
und staunen darüber

wie sich
Schritt für Schritt
ein Weg ergibt
sich das Ahnen verdichtet
der Boden trägt
und zum Quellgrund wird

Andrea Schwarz

Gottes Wege gehen

Paul Deselaers / Dorothea Sattler

„Der Herr sprach zu Abram: Ziehe fort aus deinem Land, von deiner Verwandtschaft und aus deinem Vaterhaus in das Land, das ich dir zeigen werde! ... Abram durchzog das Land bis zur Stätte von Sichem, bis zur Orakelterebinthe ... Von dort zog er weiter in das Gebirge östlich von Bet-El ... Dann wanderte Abram immer weiter dem Negeb zu" (vgl. Genesis / 1 Mose 12,1.6–9).

Abrams Durchziehen des Landes und das Weiterwandern sind seine Gestalt der Sehnsucht und des Wartens. Er wartet im Angesicht Gottes. Sein Warten im Gehen ist ein dauerndes Loslassen und Leerwerden ... Für Abram, den Gesegneten, ereignet sich das Entscheidende seines Lebens: Gott wendet sich dem Wandernden und Wartenden in der Erscheinung zu und verheißt ihm, seine Erwartungen weit zu übertreffen in der Zusage der Nachkommenschaft und des Landes.

Ob es die Einfachheit des Lebens Abrams ist, in der Gott ankommen kann und gegenwärtig ist? Ob das Warten Abrams die Gewissheit in ihm wachsen lässt, selbst von Gott erwartet zu sein? ...

An Abram zeigt sich, dass Warten, dessen Gestalt das Wandern sein kann, eine Quelle ist, die wahrhaftig Lebenswasser schenkt, das befähigen kann, zu wandern bis zur unverwechselbaren Begegnung mit dem lebendigen Gott.

Menschen im Übergang

Karl Rahner

Zu den alltäglichsten Dingen unseres alltäglichen Alltags gehört das Gehen. Man denkt nur daran, wenn man nicht gehen kann, sondern eingesperrt oder gelähmt ist. Dann empfindet man das Gehen-Können plötzlich als Gnade und als Wunder. Wir sind nicht Pflanzen, die an eine ganz bestimmte Umwelt gebunden sind, wir suchen selbst unsere Umwelt auf, wir verändern sie, wir wählen und – gehen.

Wir erleben uns selbst im Wandeln als die sich selbst Wandelnden, als die Suchenden, die erst noch ankommen müssen. Wir erfahren, dass wir die Wanderer zu einem Ziel, aber nicht die ins bloß Leere Schweifenden sein wollen. Wir empfinden uns nochmals im Gang in das schwere Unvermeidliche als die Freien, wenn wir nur selbst diesem Auferlegten noch entgegengehen dürfen. Wir sprechen von einem Lebenswandel, und die erste Bezeichnung der Christen war die der „Leute vom Wege" (Apostelgeschichte 9,2) ... Wir reden vom „Gang" der Ereignisse, vom guten „Ausgang" eines Unternehmens, vom „Zugang" zum Verständnis, von verlogenem „Hintergehen" eines Menschen, vom Geschehen als einem „Vorgang", vom Wechsel als einem „Übergang", vom Ende als einem „Untergang"; wir sehen das Werden als einen „Aufstieg", unser Leben als eine Pilgerschaft, die Geschichte als einen Fortschritt; wir halten etwas Verständliches für „eingängig", einen Entschluss für einen „Schritt" ... Schon diese ganz kleinen und wenigen Hinweise zeigen, wie sehr wir unser ganzes Leben immer wieder interpretieren am Leitfaden der ganz ursprünglichen Erfahrung unseres alltäglichen Gehens.

Wir gehen, und wir sagen durch dieses ganz physiologische Geschehen allein schon, dass wir hier keine bleibende

Stätte haben, dass wir auf dem Weg sind, dass wir erst noch wirklich ankommen müssen, noch das Ziel suchen und wirklich Pilger sind, Wanderer zwischen zwei Welten, Menschen im Übergang, bewegt und sich bewegend, die auferlegte Bewegung steuernd und in der geplanten Bewegung erfahrend, dass man nicht immer dort ankommt, wohin der Gang geplant war ...

Wir gehen, wir müssen suchen. Aber das Letzte und Eigentliche kommt uns entgegen, sucht uns, freilich nur, wenn wir gehen, wenn wir entgegengehen. Und wenn wir gefunden haben werden, weil wir gefunden wurden, werden wir erfahren, dass unser Entgegengehen selbst schon getragen war (Gnade nennt man dieses Getragensein) von der Kraft der Bewegung, die auf uns zukommt, von der Bewegung Gottes zu uns.

Spuren

Johannes Bours

Bei dem Dichter *Friedrich Rückert* (1799–1866) fand ich diesen Vers:

„Du bringst nichts mit hinein / du nimmst nichts mit hinaus / lass eine goldene Spur / im alten Erdenhaus."

Das, was die beiden ersten Zeilen sagen, steht im Buch Ijob so: *„Nackt kam ich heraus aus dem Schoß der Mutter, nackt kehre ich in den Schoß der Erde zurück"* (Ijob 1,21).

„Du nimmst nichts mit hinaus" – ein altes Wort sagt: „Wenn man dich zum Friedhof trägt, kümmert dich nicht mehr das, was du hast; mitnehmen wirst du nur das, was du gegeben hast."

„Lass eine goldene Spur im alten Erdenhaus" – wie tut man das, dass etwas Leuchtendes von uns zurückbleibt? Es darf ja nicht so sein, wie es in einem Vers bei *Dante* zu lesen ist:

Du lässt auf Erden keine anderen Spuren
Als Rauch in Lüften oder Schaum auf Wellen.

Vielleicht denken wir, wir müssten ein Werk schaffen, von dem die Menschen reden werden, wir müssten uns einen Namen machen. Aber wie ist es mit den Vielen, die keinen Namen in der Welt haben, die kein Denkmal bekommen, die bei den Menschen bald ganz vergessen sind? Wie ist es mit den vielen Verborgenen?

Es gibt eine goldene Spur, die wie eine Goldader im Gestein den Augen der Menschen verborgen ist, die aber vor den Augen Gottes leuchtet: Überall, wo ein Mensch in der Spur Jesu zu gehen versucht, leuchtet sie unvergessen vor Gott! Es genügt, einer einzigen Spur Jesu zu folgen, zum Beispiel: *„Richtet nicht, so werdet ihr nicht gerichtet werden!"* (Matthäus 7,1). Wenn wir nur dieser Spur Jesu folgen würden – sie würde in Ewigkeit nicht verwischt werden.

Ist der Weg Jesu für uns spurensicher? *Francisco de Osuna*, ein geistlicher Meister im 16. Jahrhundert, schreibt: „Willst du Christus folgen, musst du aber wissen: Inzwischen fiel Schnee auf seine Spuren." Die Menschen haben die Spur Jesu zugedeckt. Wir müssen das Ohr nahe am Wort des Evangeliums haben, um immer neue Wegweisung zu erfahren.

Wo willst du hin?

Uli Heuel

Wohin ich will und wohin ich tatsächlich gehe, das kann ein Unterschied sein. Selbst wenn ich liebend gern in Richtung Himmel will, klappt das nicht ohne eine gezielte Lebens-Ausrichtung. Es kommt darauf an, mein Wollen konkret umzusetzen und mit Gottes Hilfe den Weg des Guten zu gehen.

Gefährlich, nur in die Vergangenheit zu schauen. Gefährlich auch, den Blick nur nach vorn zu richten. Du erstarrst zur Salzsäule, lebst gar nicht mehr richtig, nicht mehr im Augenblick. Du darfst zwar zurückschauen, aber mit Maß – um daraus zu lernen, um dich in Erinnerungen wohlzufühlen. Du musst auch nach vorn blicken, aber mit Maß – und optimistisch: Du weißt nicht, was sein wird, doch du weißt, wer für dich dasein wird, nämlich dein Gott.

Meist jedoch solltest du, statt in die Vergangenheit oder die Zukunft zu schauen, voll im Augenblick leben.

Die beiden Wege

Gut ist es für den Menschen,
wenn er sich nicht ein X für ein U vormachen lässt,
sondern sein Urteil selber bildet,
wenn er nicht ausgetretene Pfade geht, sondern es wagt,
seinen ganz persönlichen Weg zu gehen,
wenn er nicht mit den Wölfen heult, sondern sich immer
wieder in die Einsamkeit zurückzieht.

Ja, gut ist es für den Menschen,
das Wort Gottes zu hören
und in den eigenen Mund zu nehmen,
zergehen zu lassen wie ein Stück Schokolade
und tagelang zu verkosten.

Ein solcher Mensch ist ein Baum,
der fest dasteht, tief im Boden verwurzelt,
nahe am sprudelnden Bach,
voll von grünen und saftigen Blättern
und voll von köstlichen Früchten.

Der oberflächliche Mensch jedoch ist Spreu.
Nirgendwo verankert, jedem Windhauch ausgesetzt,
bald einmal verweht, vergangen, verloren, vergessen.

Keiner fragt nach ihm, niemand vermisst ihn.
Heute schon ist er tot.
Und nie wird er wirklich leben.

Psalm 1
in der Übertragung von Anton Rotzetter

Nirgendwo heimatlos

Andrea Schwarz

Jesus zieht mit seinen Jüngern wandernd umher und sagt von sich selbst: *„Die Füchse haben ihren Bau, die Vögel haben ihr Nest – aber der Menschensohn hat nichts, wo er sein Haupt hinlegen kann."* Jesus ist ein Wanderprediger, er ist unterwegs. Aus der Sicht eines Wanderes, von einem, der unterwegs ist, ergeben die *Seligpreisungen* ... einen neuen und überraschenden Sinn.

„Selig, die arm sind" – jeder Besitz bindet – und die Stoßseufzer bei bevorstehenden Umzügen sind gut bekannt: Wozu braucht man eigentlich diesen Kram? Der Wanderer ist dankbar für wenig Gepäck, er sucht sich sehr sorgfältig aus, was er mitnimmt und was er zurücklässt. Wer an seinem Besitz, an seinem Reichtum hängt, dem fällt Aufbruch schwerer als dem, der sich trennen kann, der loslassen kann. Für den Wanderer gilt tatsächlich: Selig, der arm ist ...

„Selig, die hungern" – wer aufbricht, losgeht, den treibt eine Sehnsucht, der ist hungrig nach etwas, bei dem ist irgendwas unerfüllt, der ist ausgerichtet auf ein Ziel. Wer satt ist, der bleibt daheim und legst sich aufs Sofa zum Mittagsschlaf.

„Selig, die weinen" – wer unterwegs ist, bei dem kommt etwas in Bewegung, der wird berührbar, der lässt sich anrühren. Wer seine Sicherheiten aufgibt und aufbricht, in die Fremde geht, der lässt sich aufbrechen – und das kann ganz schön wehtun und da können die Tränen locker sitzen.

„Selig, wenn euch die Menschen aus ihrer Gemeinschaft verstoßen" – Menschen, die unterwegs sind, die nicht sesshaft sind, die waren schon immer ein bisschen suspekt und eine Anfrage für die anderen. Wer sich auf den Weg macht, schließt sich aus der Gemeinschaft derer aus, die zu Hause

bleiben – und wird ausgeschlossen. Für diejenigen, die sich
eingerichtet haben, sind all diejenigen eine Zumutung, die
aufbrechen, den Alltag verlassen, die Sicherheiten aufgeben.

Nirgendwo heimatlos

von Sehnsucht getrieben
streife ich unruhig umher
kein Ort ist mehr Heimat
das Brot stillt den Hunger nicht

irgendwo ankommen
nur um neu vertrieben zu werden
Augenblicke des Glücks
vom Wind verweht

und wieder die endlose Straße
Staub und Sand
und unverhofft geschenkt
ein Obdach für die Nacht

einen Moment lang
Freundschaft atmen
funkelnder Wein im Glas
Nähe und verstehendes Schweigen

und am Morgen neu aufbrechen
wieder loslassen
mit Tränen in den Augen
und doch voll Hoffnung

getrieben von unendlicher Sehnsucht
und nirgendwo heimatlos

Kein Weg ohne Irrtum

Mitunter beklagst du die vielen Irrtümer,
die dir im Laufe deines Lebens
unterlaufen sind.
Aber vielleicht sind gerade sie es,
die dich auf den richtigen
Weg gebracht haben.
Ich möchte dir jedenfalls Mut machen,
deine angefangene Richtung
nun auch zu Ende zu gehen.

Christa Spilling-Nöker

Andere Wege

Christa Spilling-Nöker

Gelassenheit hat etwas mit „lassen können", mit Loslassen zu tun. Vielleicht haben wir uns zu lange auf ein bestimmtes Ziel fixiert und unsere Augen damit blind werden lassen für andere, viel beglückendere Wege, die sich vor uns auftun. Nimm die Gelegenheiten wahr, in denen du dich selbst ausprobieren kannst, um deine Begabungen zu entwickeln, die schon seit deiner Geburt in dir träumen. Ich wünsche, dir dass du durchatmen und zur Ruhe kommen kannst. Mögest du in der Stille Klarheit gewinnen über dich selbst auf dem Weg vom Heute zum Morgen.

Gelassenheit in Entscheidungsfragen

Pierre Stutz

„Was hindert dich, eine Entscheidung zu treffen?", ist eine Frage, die ich mir und vielen Menschen stelle, die mehr aus der Lebenstiefe, aus dem Sein ihr Leben, ihren Berufsalltag gestalten möchten. Ich gehe davon aus, dass wir lebensbehindernde Gedanken, Motive, Mechanismen mit uns schleppen und uns schwer tun, sie aufzugeben. Obwohl es uns viel Energie kostet, diese lebensfeindlichen Muster Tag für Tag mit uns zu tragen, erscheint uns dies einfacher zu sein, als uns von diesen vertrauten Gedanken zu lösen. Denn sich entscheiden bedeutet, der Kraft eines Neuanfangs zu vertrauen. Appelle und Ratschläge helfen da nicht weiter. Wir brauchen die Achtsamkeit, die lähmenden Behinderungen in uns anzunehmen, denn nur so können sie verwandelt werden. Menschen, die sich schwer tun, sich zu entscheiden, sind oft von der Angst des Loslassens geprägt. Erst wenn diese Angst ernst genommen wird und eine Ausdrucksform erhält, kann sie sich auflösen. – Darum beginnt der Weg zu mehr Gelassenheit in Entscheidungsfragen beim Auflisten von lebenslähmenden und lebensbehindernden Gedanken:

Was hindert mich, eine Entscheidung zu treffen? – Ich nehme dazu ein großes Blatt oder ein Heft und schreibe all die Ängste und Unsicherheiten auf. Nach einer gewissen Zeit versuche ich, die verschiedenen Ängste zu gruppieren, um Zusammenhänge zu entdecken. Welche lebensbehindernden Sätze prägen mein Leben? … Meine Entscheidungskraft entfaltet sich durch das Bewusstwerden so genannter banaler, lächerlicher Erfahrungen.

Welche lebensfördernden Worte haben mir geholfen und helfen mir noch, entschiedener im Leben zu stehen? Wie gebe ich ihnen mehr Gehör, Beachtung, Gewicht?

In Zeiten der Entscheidung

In Zeiten der Entscheidung
in denen Angst und Panik
mich bestimmen wollen
schließe ich die Augen
um den heiligen Raum in mir
zu betreten
wo niemand Zutritt hat
mich die Erwartungen nicht erreichen
wo ich sein darf
und meine Selbstsicherheit
Entfaltung findet

In Zeiten der Entscheidung
in denen meine Gedanken und Gefühle
voller Widersprüchlichkeiten sind
und ich mich in Spekulationen verliere
traue ich dem Hinweis Gottes in mir
der ermutigt
der Kraft des Hier und Jetzt zu trauen
denn nicht die Vergangenheit
noch die Zukunft
bestärken mich in der Zuversicht
einfach sein zu dürfen
um aus diesem Urvertrauen heraus
unterscheiden zu können
wofür ich Grenzen setzen möchte

In Zeiten der Entscheidung
in denen ich in Berührung komme
mit uralten Verwundungen

und ich zurückgeworfen bin
auf alte Lebensfragen
lerne ich neu
mich zu versöhnen
mit meiner Geschichte
im Annehmen meiner Begrenztheit
und im Einbringen meiner Stärken
darin kristallisiert sich
meine Lebensaufgabe
die ich in weltweiter Verbundenheit
entfalten will

Einatmend
erinnere ich mich
wie mein Wert aus meinem Sein entspringt
damit ich aus größerer innerer Freiheit
mich verwirklichen kann in Gemeinschaft
und Toleranz

Ausatmend
lasse ich mich los
weil all mein Tun überstiegen wird
vom Geschenkcharakter des Lebens
Gottes Lebensatem
in allem

Pierre Stutz

Der Weg des Weizenkorns

Karl Kardinal Lehmann

Am Ende bleibt tatsächlich nur die Liebe zu Gott und zum Nächsten. Alles andere kann uns rasch genommen werden: Reichtum, Macht, Ansehen. Wir können nicht genug davon bekommen, weil sie in der Tat endlich sind. Man kann sie nur anhäufen, aber sie erfüllen nie unsere Sehnsucht. Sie erzeugen nur eine schlechte Unendlichkeit, die am Ende nicht wirklich satt und glücklich, sondern gelangweilt und schal macht. Sie erinnert uns an das eine Notwendige, das bleibt: ein gutes Leben vor Gott für die Menschen …

Wir stellen unsere Welt oft auf den Kopf. Das wahre Leben ist die unverbrauchte, wirklich ewig junge Quelle von Glück und Seligkeit, die nur in Gott zu finden ist. Nur ihretwegen gibt es Märtyrer, gibt es Glaube, Hoffnung und Liebe, die bei aller Enttäuschung in dieser Welt nicht zuschanden werden. Weil es dieses ewige Leben gibt und Gott es in seinem unverbrauchten Reichtum verbürgt, gibt es auch das kleine, kostbare Glück in dieser Zeit. Nicht umgekehrt, wie wir oft meinen …

Wer das Glück direkt erjagen will, täuscht sich. Münchhausen kann sich auch hier nicht am eigenen Zopf aus dem Sumpf ziehen. Wir werden nur glücklich, wenn wir bereit sind, uns wegzugeben, auf dem Rücken einer guten Tat, nach der Art eines Weizenkorns, das nur dann reiche Frucht bringt, wenn es stirbt.

Auf dem Weg zum Licht

Wolfgang Huber

Was ist der Sinn meines Lebens, und wann bin ich am Ziel? Wann habe ich alles erreicht, was in meinem Leben möglich ist? Und wann lege ich es in Gottes Hand zurück? Das sind die großen lebenshungrigen Fragen. Heute sind sie oft unter vordergründigen Hilfskonstruktionen verdeckt. „Wenn ich auf die Kanarischen Inseln reisen kann, hat mein Leben wieder Sinn; denn dort ist es wenigstens warm." – „Wenn erst eine Patientenverfügung unterschrieben ist, habe ich auch für das Ende meines Lebens Klarheit geschaffen." – Doch wir wissen, dass das nicht wahr ist. Ein Ortswechsel löst die offenen Fragen nicht; keine Unterschrift wischt die Angst vor dem Sterben beiseite. Den Lebenshunger stillen solche Konstruktionen nicht. Er lässt sich nicht verdrängen. Und es ist gut, dass es ihn gibt. Es ist gut, dass unsere Sehnsucht nicht abstumpft – die Sehnsucht nach wirklichem Leben, nach dem wahren Leben im falschen …

Auf der langen Wanderschaft unseres Lebens gleichen wir Zugvögeln, die, an einem fremden Ort geboren, eine geheimnisvolle Unruhe empfinden. Eine Sehnsucht nach der lichten Heimat, die sie nie gesehen haben und zu der sie aufbrechen, ohne zu wissen, wann sie am Ziel sind. So leuchtet uns ins Leben hinein, wohin wir doch immer unterwegs sein werden: unsere Heimat bei Gott …

Wer in eine Kirche eintritt, wird durch den Mittelgang direkt auf den Altar hin geführt. Der Blick richtet sich nach Osten, dem aufgehenden Licht entgegen. Auch dies sagt Jesus nach dem Johannesevangelium von sich: *„Ich bin das Licht der Welt. Wer mir nachfolgt, der wird nicht wandeln in der Finsternis, sondern wird das Licht des Lebens haben"* (8,12). Diesem Licht gehen wir entgegen.

4

Steinige Wege

Hoffnung, die uns stärkt

Segenswort vom Jakobsweg

Ihr werdet mit Schwierigkeiten zu kämpfen haben,
mit den Unbilden des Wetters,
mit Blasen an den Füßen.
Ihr werdet Freude und Leid erleben.
Mögen wir schweigen lernen.
Die Einkehr in die Stille erschließt uns den Weg.
Möge der Herr uns segnen.
Möge der Herr uns helfen.
Möge der Herr uns seinen Frieden schenken.

Aufgezeichnet von Andreas Drouve

Steine im Weg

Steine im Weg –
und einen Fuß, der leicht darübergeht ...

Nebel am Boden –
und zwei Augen, die den Durchblick finden ...

Tränen auf den Wangen –
und Hände, die sie trocknen ...

Fragen nach der Zukunft –
und gute Freunde, die mit dir Antwort suchen ...

Fragen nach dem Wohin –
und Spuren, die weiterführen ...

Suche nach Geborgenheit –
und ein guter Mensch, der zu dir hält ...

Dies ist mein Segen, mein Wunsch für dich,
dir mitgegeben auf dem Weg, der vor dir liegt.

Es sei der Segen auch von dem,
der unbemerkt dir deinen Rücken stärkt:
der stille, unaufdringliche Quell des Lebens –
von uns Menschen Gott genannt,
von Jesus Christus Vater im Himmel,
uns nahe als guter Lebens-Geist.

Herbert Jung

Der Weg der Trauer

Anselm Grün

Viele leiden an einem ungelebten Leben. Sie leben nicht wirklich. Sie verschließen ihren Blick vor den Defiziten, die sie in ihrer Kindheit erlebt haben, vor dem Defizit an Liebe, an Wertschätzung, an Zuwendung. Der Blick auf den Mangel in ihrem Leben würde zu weh tun. Sie schauen nicht in ihr Herz, sondern nur nach außen, ob da genug zu haben ist, was ihren Mangel ausgleicht. Doch je mehr sie nach außen blicken, desto leerer wird ihr Herz, desto weiter entfernen sie sich von sich selbst. Und irgendwann erkennen sie: ich habe nie gelebt. Sie sind nicht in Berührung gekommen mit sich selbst, weil sie den Schmerz nicht aushalten, der dann aufbrechen würde.

In dieser Situation sehnt sich der Mensch nach einem Leben, in dem er sich der Realität zu stellen vermag, ohne sie zu beschönigen, in der er auch seiner Trauer Raum geben kann. Und er sehnt sich danach, dass er in der oft harten Realität mit ihren vielen Verlusterfahrungen dennoch die Fülle des Lebens zu erfahren vermag. Er möchte der Wirklichkeit ins Auge sehen und dort, wo er in seiner Begrenzung ist, dennoch das grenzenlose Glück erfahren. Er ahnt, dass das nur über die Trauer geht. Aber er weiß nicht, wie ihm das gelingen soll. In diese Situation hinein spricht Jesus: „Glücklich sind die Trauernden, denn sie werden getröstet werden."

Jesus beschreibt die Trauer als einen Weg zum Glück. Trauern heißt für mich in erster Linie: Abschied nehmen von den Illusionen, die man sich über sich selbst und die Zukunft gemacht hat. Ich kenne viele Menschen, die sehr unglücklich sind, weil sie an ihnen festhalten. Sie halten fest an der Illusion, dass sie die größten und schönsten und intelligentesten Menschen sind, auch wenn sie spüren, dass das nicht stimmt. Sie klammern sich an die Illusion, dass alles glattgeht, dass sie immer Erfolg haben und den Traumberuf und die Traumpartnerin bekommen. Wenn das Leben ihre Illusionen nicht einlöst, dann jammern sie wie ein kleines Kind, das nicht bekommt, was es unbedingt will. Die Bedingung, zu einem glücklichen Leben zu finden, besteht in der Bereitschaft, meine Illusionen zu betrauern und mich auf die Wirklichkeit einzulassen, so wie sie ist. Trauern ist ein Weg, mich der Wirklichkeit zu stellen und frei zu werden von den Illusionen, mit denen ich mir selbst die Wirklichkeit verstelle. In der Trauer gehe ich dem Schmerz nicht aus dem Weg.

Ich kenne viele Menschen, die sich im Gespräch ehrlich eingestehen, dass sie eigentlich noch nie gelebt haben. Diese Erkenntnis tut weh. Nur wenn ich sie betraure, kann sie sich wandeln. Dann erkenne ich die Durchschnittlichkeit und Banalität meines Lebens, all dessen, was ich erträumt habe und jetzt nicht mehr leben kann. Durch die Trauer hindurch kann ich mich dann aussöhnen mit mir, so wie ich bin. Ich nehme mich an, in meiner Brüchigkeit, in meiner Begrenztheit, aber auch in meiner Einmaligkeit und meinem wahren Wert.

Das, was ich nicht leben kann, wird durch das Betrauern herbeigerufen. Es kommt von einer anderen Seite her neu auf mich zu. Jesus zeigt uns einen realistischen Weg zum glücklichen Leben. Er übergeht nicht die Schmerzen, die Verzweiflung und die Depression, die heute viele heimsuchen. Die Glücksphilosophie, die uns heute angeboten wird, hat diese Seiten übersprungen. Jesus zeigt uns einen Weg, durch die Dunkelheiten und Talsohlen unseres Lebens hindurch, zu einem gelingenden Leben. Die Worte halten uns lebendig. Sie führen nicht zur Erstarrung, sondern zur Lust, auf dem Weg des Lebens voranzuschreiten.

*Meine Gedanken sind nicht eure Gedanken
und eure Wege sind nicht meine Wege.*

Jesaja 55,8

Ganz anders
und doch

wer sich
auf den
Weg macht

der wird
ein bisschen
einsamer

und
der braucht
die Einsamkeit

um
das zu finden
was wesentlich ist

der braucht die Kargheit der Wüste
die Zeiten der Stille
das Dunkel der Nacht

um
zu erfahren
was wirklich ist

wer sich
auf den
Weg macht

der braucht das Suchen
die Mühe
das Fragen

der erlebt den Schmerz
erleidet die Einsamkeit
reibt sich sund an den Zumutungen

um sich doch nicht
dem Schmerz hinzugeben
im Leiden zu verharren

der wird empfindsamer
und sicherer zugleich
und der leidet lebt und liebt

und der bleibt auf dem Weg
und nimmt sich den Schmerz nicht
weil er ahnt

dass Empfindsamkeit gefragt ist
Schmerz und Trauer
Glück und Erfülltsein

der geht los
weil er das Leben will
ohne wenn und aber

Andrea Schwarz

Im Dunkeln tappen

Gisela Ibele / Therese Nolte

Das Leben zeigt sich uns in seinen Gegensätzlichkeiten, Polaritäten, Spannungen: Hell und Dunkel, Tag und Nacht, Weite und Enge, Tiefe und Höhe, Sehnsucht und Befriedigung, Lust und Last …

Selbst die Dunkelheit hat eine Botschaft für mich. Das Leben ist nicht nur ein romantisches Eintauchen in Kerzenschein und Konsum, sondern auch Aushalten und Durchleben der Dunkelheit.

Im Dunkel der Erde reift das Korn, der Mensch wächst in der dunklen Geborgenheit des Mutterschoßes, jeder finsteren Nacht folgt der helle Tag.

„Wenn das Weizenkorn nicht in die Erde fällt und stirbt, bleibt es allein. Wenn es aber stirbt, bringt es viele Frucht" (Johannes 12,24).

Heiliger Geist,
du bist Feuer und lebendiges Licht.
Entflamme in mir Verdorrtes, Dunkles und Abgestorbenes.
Nimm von mir die Angst
vor Veränderung und Verwandlung.
Schenke mir immer wieder Erfahrungen,
in denen mir neue Erkenntnisse geschenkt werden
und ein Licht aufgeht.
Lass mich daran glauben, dass auch ich Licht
für andere Menschen sein kann.

Du weißt den Weg

In mir ist es finster,
aber bei dir ist das Licht
ich bin einsam, aber du verläßt mich nicht
ich bin kleinmütig,
aber bei dir ist die Hilfe
ich bin unruhig, aber bei dir ist der Frieden
in mir ist Bitterkeit,
aber bei dir ist Geduld
ich verstehe deine Wege nicht,
aber du weißt den rechten Weg für mich.

Dietrich Bonhoeffer

Am Nullpunkt

Phil Bosmans

Mal geht es aufwärts, mal abwärts – so sei es nun mal im Leben, sagt man. Dieses Auf und Ab gehöre dazu, irgendwie werde es schon weitergehen. Wenn es doch so wäre!

Jedes Leben kommt in Situationen, wo es eben nicht mehr so weitergeht. Wo wir keinen Ausweg mehr sehen. Wo die Schmerzen unerträglich werden. Wo wir sagen: Ich kann nicht mehr, es geht nicht mehr, ich bin am Ende.

Was machen wir am Nullpunkt?

Es bleibt uns nichts anderes übrig, als unsere Machtlosigkeit hinzunehmen und in unsere Ohnmacht einzuwilligen. Am Nullpunkt müssen wir loslassen, wir müssen uns selbst loslassen. Wir fallen wie ins Leere. Doch darin verbirgt sich eine unbegreifliche Liebe.

Sie trägt uns durch das Meer der Ängste. Sie lässt uns auch im Sterben nicht im Stich. Auf sie können wir uns verlassen. Das ist unsere ganze Hoffnung seit dem Karfreitag Jesu in Jerusalem. Kein Ostern ohne Karfreitag, aber auch kein Karfreitag ohne österliche Auferstehung.

Der Nullpunkt wird zum fruchtbaren Augenblick: Unglaublich!

Bewegt um zu bewegen

bewegt um zu bewegen
den stein aufweichen
und sei es mit tränen
zart bleiben
und sei es mit zorn

aber
die dinge von innen bewegen

Andrea Schwarz

Wenn die Klippen steil sind

Gott halte seine Hand über dir,
wenn die Klippen steil sind
und der Grund nicht mehr sichtbar ist.

Gott halte seine Hand über dir,
wenn die Nacht trostlos
und undurchdringbar ist.

Gott halte seine Hand über dir
auf dem Weg, den du gehen musst.
Gott halte seine Hand über dir.

Irischer Segen

Weg der Verwandlung

Philip Newell

Der Urschrei, den eine Frau kurz vor der Geburt ausstößt, trägt in sich etwas von den Geburtswehen der Menschen und der Schöpfung seit Anbeginn der Zeit. Die Art und Weise, in der die Geburt einen Körper in Mitleidenschaft zieht, gilt auch für große schöpferische Prozesse in anderen Lebensbereichen. Wir brauchen beispielsweise nur an die Geburtswehen der Freiheit zu denken oder daran, dass die Geburt von Vergebung und Wahrheit unter uns und in unseren Beziehungen manchmal mit furchtbarer Agonie einhergeht. Auch in den stärksten Beziehungen wird Liebe voll nur geboren unter den und durch die Schmerzen des Ringens und des persönlichen Opfers. Entsprechend entstehen wissenschaftliche Neuentdeckungen oder Schöpfungen der Kunst und neue Sichtweisen und Verstehensformen der Kultur gewöhnlich nur durch so etwas wie Schweiß und Tränen harter Arbeit.

Die Art und Weise, wie das Wort „Passion" auf beides hinweist, auf Liebe und auf Leiden, spiegelt das Geheimnis Christi wider … Leidenschaft kann so erscheinen, als treibe sie uns an die Grenzen; aber sie ist auch die Gnade, die uns an das Zentrum des Lebens führt. Ihr zu folgen heißt in gewissem Sinne, dass wir bereit sind zu sterben, tot für die Außenschichten der Selbstabsicherung, sodass Neues in uns geboren werden kann.

Das Leiden ist der Weg der Verwandlung,
und ohne Leiden verändert sich nichts

Benedikt XVI.

Durch Wasser und Feuer hindurch

Bärbel Wartenberg-Potter

„Selig sind die Trauernden, denn sie werden getröstet werden" (Matthäus 5,4). Vielleicht denken wir bei der Seligpreisung der Trauernden zuerst an den Tod, an das Leid, das der Tod eines geliebten Menschen mit sich bringt, an diesen ausweglosen Schmerz. Wer ihn erlebt hat, ist gezeichnet, gehört zur unsichtbaren Gemeinschaft derer, die Leid tragen. Aber hierher gehört auch all das Leid, das das Leben bereithält: die harten Lebensbedingungen, die Sorgen und die Not machen traurig, auch die Abschiede im Leben, Trennungen, Scheidungen, Enttäuschungen, das Misslingen, Verlassenwerden, Angst haben vor Krankheit, vor Armut, Angst haben um die Kinder, geliebte Menschen, Öffentliches und privates Unglück, Kriege, Kindersoldaten, Vergewaltigungen, Schuld, Versagen, Verachtung, Ausweglosigkeit. Das Unglück anderer, das einen bewegt. Viele wollen dem Leid ausweichen, das ist in der Spaßgesellschaft weit verbreitet. Sie wollen Leid nicht tragen, sondern es vergessen oder ertränken.

Alle, die irgendwann im Leben Leid tragen: sie sollen, sie werden getröstet werden. Sie warten auf das Reich Gottes, in dem alles anders sein wird. Trost ist etwas sehr Kostbares. Viele Menschen glauben, dass sie andere nicht trösten können. Man denkt an die Möglichkeit, den Schmerz wegzunehmen. Aber das geht in den seltensten Fällen. Trost im biblischen Sinn bedeutet: helfen, die Kraft zu erneuern, die beim Trauern verloren geht. Da kann man sich viel einfallen lassen, um Trauernde zu trösten: manchmal wird die Kraft schon durch einen gemeinsamen Spaziergang wieder stärker, ein offenes Zuhören, eine Konzertkarte, ein schönes Essen.

Alles, was dem Menschen Kraft gibt, keine spezielle Kraft, einfach Kraft.

Aber wichtiger noch ist, dass wir versuchen, dem Namen des biblischen Gottes gerecht zu werden, Gottes Name bedeutet *Da-Sein*. „Gott kennen heißt Gottes Taten nachahmen" (jüdische Weisheit). Also: Dasein bei Menschen in der Situation des Leidens, dabei bleiben, Dinge miteinander durchstehen, sich dem Schmerz und der Ausweglosigkeit nicht entziehen. Dann wird wahr, was Gott verspricht. *„Wenn du durch Wasser gehst, will ich bei dir sein, dass dich die Ströme nicht ersäufen sollen; und wenn du ins Feuer gehst, sollst du nicht brennen, und die Flamme soll dich nicht versengen"* (Jesaja 43,2).

In dem Buch von *Meike Schneider* „Ich will mein Leben tanzen. Tagebuch einer Theologiestudentin, die den Kampf gegen Krebs verloren hat" (Medienverband der Evangelischen Kirche im Rheinland, Düsseldorf 2005) beschreibt eine junge an Leukämie erkrankte Frau ihren Weg durch die Krankheit, an der sie stirbt. Es ist keine Passionsgeschichte, sondern ein „Kreuzweg der Auferstehung". Weil Menschen *da sind*: zuerst die Eltern, Vater und Mutter, die bei den schmerzlichen Eingriffen dabei sind und ihr die Hand halten, sie keinen Augenblick innerlich allein lassen. Der Segen der E-Mail, durch die eine Wolke von Freundschaft und Liebe die Kranke umgibt. Und sie spricht und schreibt und lässt alle teilnehmen an ihrem Weg, ihrem Ergehen und Denken. Das Wichtigste ist, dass die mitgehende Liebe aus dieser jungen Frau selbst einen Trostengel macht. Weil sie nicht verlassen wurde, starb sie nicht verlassen. Sie hat das Leben bejaht, gewünscht, ersehnt, erfleht, aber sie hat ihr Schicksal und ihren Tod angenommen und es deshalb allen anderen ermöglicht, es auch zu tun.

Leid und Freude

Simon Weil

Zu sagen, die Welt sei nichts wert, dieses Leben sei nichts wert, und zum Beweis das Übel anzuführen, ist widersinnig; denn wenn sie nichts wert ist, wessen beraubt sie dann das Übel? So sind das Leiden im Unglück und das Mitleid mit den anderen desto reiner und heftiger, je besser man die Fülle der Freude begreift. Wessen beraubt denn das Leiden den, der ohne Freude ist?

Und begreift man die Fülle der Freude, so verhält sich das Leiden noch zur Freude wie der Hunger zur Nahrung. Man muss durch die Freude die Offenbarung der Wirklichkeit empfangen haben, um die Wirklichkeit im Leiden zu finden. Sonst ist das Leben nur ein mehr oder weniger schlechter Traum.

Man muss dahin gelangen, im Leiden, das Nichts und Leere ist, eine noch machtvollere Wirklichkeit zu finden.

Wandlung

all das
was misslungen ist
alle steine
die im weg lagen
all das
wo ich gescheitert bin

die bruchstücke
meines lebens

vor gott
bringen

und darauf vertrauen
dass bei ihm

steine
zu brot
werden

und

unvollendetes
vollendet
wird

Andrea Schwarz

Möge ein Engel dir zur Seite stehen

Möge ein Engel dir zur Seite stehen,
wenn die Decke brüchig wird,
wenn Stürme aufziehen
und dein Lebenshaus erschüttert wird.
Auf dass du bewahrt bist
und unversehrt bleibst,
selbst wenn um dich herum
doch alles einstürzt.

Wenn du an Gott denkst,
lauschst und aufmerksam gehst,
mögest du den Schritt deines Engels hören.
Mögest du niemals vergessen,
auch wenn dich die Schatten umgeben:
Du gehst nicht allein!

Am Ende eines steinigen Weges
möge dich die Wärme der Sonne
empfangen.

Irische Segensworte

Im Schutz des Höchsten

Es wohnt im Schutz des Höchsten, / im Schatten des Allmächtigen nächtigt,
wer zum Lebendigen sagt: Meine Zuflucht und meine Burg bist du, / mein Gott, auf den ich vertraue!
Ja, er ist es, der dich rettet vor der Falle des Voglers, / vor dem tödlichen Stachel.
Mit seinen Schwingen beschützt er dich, / und unter seine Flügel kannst du flüchten. / Schutzwehr und Schild ist seine Treue.
Nicht brauchst du dich zu fürchten vor dem Schrecken der Nacht, / vor dem Pfeil, der fliegt am Tage,
vor der Pest, die im Dunkel umhergeht, / vor der Seuche, die verwüstet am Mittag.
Es fallen an deiner Seite tausend / und zehntausend an deiner Rechten. / An dich kommt es nicht heran.
Du schaust nur zu mit deinen Augen / und siehst die Vergeltung an den Frevlern.
Ja, du hast gesagt: Der Lebendige ist meine Zuflucht! / Den Höchsten hast du gemacht zu deiner Wohnung.
Nicht widerfährt dir Böses, / und eine Plage naht nicht deinem Zelt.
Ja, seine Boten entbietet er für dich, / dich zu behüten auf all deinen Wegen.
Auf Händen tragen sie dich / dass dein Fuß nicht an einen Stein stoße.
Über Löwen und Ottern schreitest du, / du zertrittst Junglöwen und Drachen.
(Gott spricht:) Weil er mir anhangt, rette ich ihn, / ich schütze ihn, weil er meinen Namen kennt.

Psalm 91 nach der Übertragung von Erich Zenger

Gewissheit

Wir dürfen sicher sein,
dass wir, so schwer und so stürmisch
die uns erwartenden Prüfungen auch sein mögen,
niemals uns selbst überlassen bleiben,
niemals aus den Händen des Herrn
fallen werden, jenen Händen,
die uns geschaffen haben
und sich nun auf unserem Lebensweg
um uns kümmern.

Benedikt XVI.

Vertrauen in die Zukunft

Peter Dyckhoff

Obgleich die gesamte Schöpfung der Vergänglichkeit unterworfen ist, gab Gott ihr Hoffnung, von der Verlorenheit befreit zu werden zur Freiheit und Herrlichkeit der Kinder Gottes. Diese Hoffnung – ein grundlegendes Vertrauen in die Zukunft –, aus der auch der Mensch lebt, wäre keine Hoffnung mehr, wenn sie sich schon erfüllt hätte (vgl. Römer 8,21–25). Gerade in geduldigem Ausharren erweist die Hoffnung ihre Kraft. *„Die Hoffnung aber lässt nicht zugrunde gehen, weil die Liebe Gottes in unsere Herzen ausgegossen ist durch den Heiligen Geist, der uns gegeben ist"* (Römer 5,5). Gerade in der Bedrängnis wird diese Hoffnung nicht gemindert, sondern eher gefördert, weil sie erfüllt wird und ihre Substanz bleibt. Im Zentrum der menschlichen Existenz steht die Liebe Gottes. Die Hoffnung, die auf diese Herrlichkeit Gottes verweist, ist untrüglich und wirklich. So dürfen wir trotz vieler Bedrängnisse vertrauend in und aus der Hoffnung auf die künftige Herrlichkeit Gottes leben.

5

Gesegnete Wege

Begleitet von guten Mächten

Segenswort vom Jakobsweg

Möge der Herr eure Schritte
freundlich und wohlgesinnt lenken
und euch auf dem Weg
untrennbarer Gefährte sein.
Möge der heilige Apostel Jakobus
euch auf eurem Weg begleiten
und jegliche Unbill und Widrigkeiten
von euch abwenden,
damit ihr glücklich
das Ziel eures Weges erreicht.

Aufgezeichnet von Andreas Drouve

Entscheidung für den Engel

Andrea Schwarz

Die zahllosen Gasthäuser mit dem schönen Namen „Zum Engel" wollen die Reisenden, diejenigen, die unterwegs sind, daran erinnern, dass sie von Engeln begleitet werden.

Engel sind Boten zwischen Gott und den Menschen, zwischen Himmel und Erde. Aus der Liebe Gottes heraus sind sie den Menschen verbunden – und vertreten doch zugleich den Anspruch Gottes. Sie verbinden diese beiden Sphären, ohne sie dabei aufzuheben. Sie nehmen dem Menschen das Handeln nicht ab, aber sie stehen ihm mit Rat und Tat zur Seite. Ein Engel ist einer, der mir den Rücken stärkt, der mir aber das Handeln nicht abnimmt. Ein Engel ist einer, der mich auf meinem Lebensweg begleitet, der mir aber das Selber-Gehen nicht erspart.

Engel sind Mittler zwischen den Welten – und immer dann und dort, wo diese andere Welt in unsere Welt hereinbricht, wir uns von dieser anderen Welt berühren lassen, können wir eigentlich von Engeln sprechen, die diese Begegnung, diese Berührung verkörpern. Mit den Engeln, diesen Boten Gottes in unsere Welt, haben wir ein Bild, mit dem wir unsere Erfahren mit dieser anderen Welt bruchstückhaft in Sprache fassen können. Damit aber müssen wir Abschied nehmen von unseren herkömmlichen Bildern von Engeln: „Es müssen nicht Männer mit Flügeln sein, die Engel" (Rudolf Otto Wiemer). Und deshalb ist durchaus eine Entscheidung angesagt – meine Entscheidung: Will ich dem Engel eine Chance in meinem Leben geben? Will ich wirklich, dass diese andere Welt meine Welt berührt, ja vielleicht sogar in sie einbricht?

Du

Du ergründest mein Herz, du durchschaust mich.
Du weißt um mein Gehen und Stehen.

Du kennst meine Gedanken von ferne,
mein Reisen und Wandern, mein Ruhen.

All meine Wege sind dir bekannt –
jedes Wort, das mir auf die Lippen kommt,
unausgesprochen noch, du hörst es schon.

Hinter mir bist du und mir voraus.
Du legst deine Hände auf mich.
Das ist es, was ich nicht begreifen,
nicht denken kann, das ist mir zu hoch.

Wie dem Hauch deines Mundes entkommen,
wohin flüchten vor deinem Angesicht?

Erklimm ich den Himmel, da bist du,
steig ich ab in die Erde, da find ich dich auch.

Hätte ich Flügel des Morgenrots,
flöge ich über die fernsten Meere,
auch dort du, deine Hand,
deine Rechte, die mich festhält.

Riefe ich: „Finsternis, bedeck mich,
Licht, verwandle dich in Nacht" –
für dich besteht die Finsternis nicht.

Für dich ist die Nacht so licht wie der Tag,
die Finsternis ebenso klar wie das Licht.

Deine Schöpfung bin ich mit Herz und Nieren,
Du hast mich gewebt im Schoß meiner Mutter.

Ich will dir danken dafür,
dass du mich so staunenswert gemacht hast.

Meine Seele und Glieder sind dir vertraut.
In mir war nichts deinen Augen verborgen,
als ich geformt wurde tief im Geheimen,
prächtig gewirkt im Schoße der Erde.

Ich war noch nicht geboren,
du hattest mich schon gesehen,
all meine Lebenstage standen in deinem Buch,
bevor auch nur einer durch dich war geschaffen.

Du Ewiger, ergründ nun mein Herz, erforsch mich,
prüf meine geheimen Gedanken.

Mein Weg führt mich doch nicht in die Irre?
Führ mich fort auf dem Weg deiner Tage.

Huub Oosterhuis
frei nach Psalm 139

Der Weg des weiten Herzens

Anselm Grün

Je länger ich Menschen begleite, desto deutlicher wird mir, dass wir alle an den gleichen Mustern unserer Seele leiden, an den Mustern von Perfektionismus, vom Zwang, uns beweisen zu müssen, uns mit anderen zu vergleichen. Die Spiritualität der Wüstenväter führt uns einen Weg in die innere Freiheit. Sie erlaubt es uns, die eigene Wirklichkeit anzuschauen, ohne sie ständig zu bewerten oder zu beurteilen. In Gesprächen erlebe ich immer wieder, wie die Menschen Angst haben, in das eigene Herz zu schauen. Da könnten sie ja all dem Dunklen und Verdrängten begegnen, vor dem sie lieber ihre Augen verschließen. Doch wer ein so pessimistisches Selbstbild hat, lebt immer in Angst vor sich selbst. Die Wüstenväter laden uns ein, ohne Angst in alle Abgründe unserer Seele zu schauen, weil sie überzeugt sind, dass auch in der größten Dunkelheit das Licht Jesu Christi leuchtet und dass alles Dämonische in uns vom Geist Jesu verwandelt werden kann. Sie wagen es, in die eigene Tiefe hinabzusteigen, weil sie darauf vertrauen, dass Jesus Christus sie bei der Hand nimmt und mit ihnen hinabsteigt. Und Jesus schenkt ihnen das Vertrauen, dass sie mit allem, was sie in sich vorfinden, von Gott bedingungslos angenommen und geliebt sind …

Gerade unsere immer rauer werdende Geschäftswelt weckt in uns die Sehnsucht nach einer Spiritualität, die uns in die innere Freiheit führt, die uns einlädt, den Raum der Stille in uns zu entdecken, zu dem der Lärm dieser Welt keinen Zutritt hat. Jeder von uns trägt in sich einen Ort des Schweigens. Oft sind wir davon abgeschnitten. Wir haben die Berührung mit unserem Herzen verloren. Die Wüstenväter ermutigen uns, in den heiligen Raum des Schweigens einzutreten. Er ist dem Terror der Welt entzogen. Dort wo Gott in uns wohnt, sind wir heil und ganz. Dort kann uns niemand verletzen. Dort sind wir auch frei. Die Erwartungen der Menschen, ihre Ansprüche und Beurteilungen haben dort keinen Zutritt.

Wer den Weg christlicher Spiritualität geht, dem – so sagt der heilige Benedikt – weitet sich das Herz und er läuft in unermesslicher Freude des Heiligen Geistes seinen Weg zu Gott und zu den Menschen. Gott – so sagen die Mönche – vermag nur in einem weiten Herzen zu wohnen. Und das weite Herz ist offen für die Nöte unserer Brüder und Schwestern um uns her. In diesem weiten Herz öffnet sich für uns der Himmel und wir erfahren Gottes heilende und liebende Nähe. Und zugleich geht dann durch uns der Himmel auf über den Menschen, denen wir begegnen.

Etwas Besonderes

Wir sind weder Zufallsprodukte
noch Blindgänger.
Jeder ist ein Original,
keiner eine Kopie.
Mit jedem hat Gott Besonderes vor.

Franz Kamphaus

Die Quellen der Freude

Peter Dyckhoff

Wenn auch unvermeidbar Täler zu durchschreiten sind, so ist doch die Freude notwendig und Leben unterstützend. Sie ist der erste innere Antrieb des Menschen. So wie er sich herzlich freuen kann, kann sich auch die gesamte Schöpfung freuen. Die Freude der Engel ist zwar nicht unmittelbar der gefühlsmäßigen menschlichen Freude gleichzusetzen, doch freuen sie sich mit dem Schöpfer über jede Bewegung, die auf Gott weist und deren Ziel letztlich Gott selbst ist.

„Ebenso, sage ich euch, wird bei den Engeln Gottes Freude sein über einen einzigen Sünder, der umkehrt" (Lukas 15,10). Jede Freude ist höheren Ursprungs – eine wunderbare Ruhe und eine lebendige gute Unruhe zugleich. Die reine Freude möchte begeistern, sich mitteilen und sich verschenken. Freude ist schließlich der Himmel und das Paradies und die erspürte Gegenwart Gottes. Daher ist es lebenswichtig, die Quellen der vielleicht verlorenen Freude wiederzufinden.

Herzensfreude ist Leben für den Menschen.

Die Kunst des Lebens

Henri Nouwen

Es ist leicht, für das Gute, das wir in unserem Leben erhalten, dankbar zu sein. Aber für alles – für Gutes wie Schlechtes, für die Augenblicke der Freude wie für die Zeiten des Leids, für Erfolge wie für Fehlschläge, für Lob wie für Tadel – dankbar zu sein, verlangt ein intensives geistliches Bemühen. Dennoch werden wir nur dann wahrhaft dankbare Menschen sein, wenn wir für alles danken können, was uns den gegenwärtigen Augenblick erleben ließ.

Solange wir in unserem Leben zwischen solchen Ereignissen und Menschen unterscheiden, an die wir uns mit Freude erinnern, und solchen, an die wir nicht gern erinnert werden möchten, können wir den Reichtum unseres Daseins als ein Geschenk Gottes, für das wir dankbar sein dürfen, uns nicht zunutze machen.

Fürchten wir uns nicht, auf alles zu sehen, was uns bis zu dem Punkt unseres Lebens führte, an dem wir heute stehen, und vertrauen wir darauf, dass in allem die lenkende Hand eines liebenden Gottes mitgewirkt hat.

Die Kunst des Lebens zeigt sich darin, dankbar zu sein und sich darüber zu freuen, was wir sehen können, und nicht darüber zu klagen, was wir im Dunkeln und Ungewissen liegt. Wenn es uns gelingt, den nächsten Schritt zu tun und darauf zu vertrauen, dass es auch hell genug für den folgenden Schritt sein wird, werden wir auf dem Weg durch das Leben mit Freude voranschreiten und überrascht sein, wie weit wir kommen.

Engel in deiner Nähe

Engel leuchten dir
manchmal gerade dann auf,
wenn du sie
am wenigsten erwartet hast.
Lass dann alles andere liegen
und öffne dich ihnen
mit all deinen Sinnen.
Wer weiß,
welch beglückende Botschaft
sie dir ins Herz flüstern
und welche Überraschung
sie dir mit auf den Weg
geben wollen.

Christa Spilling-Nöker

Mein Schutzengel

Anselm Grün

Wenn ich an meinen Schutzengel denke,
dann sage ich zu ihm:
„Du brauchst viel Geduld mit mir,
weil ich oft vor dir davonlaufe,
weil ich auf deinen Schutz nicht achte.
Ich denke, meinen Weg allein gehen zu können.
Und nur wenn ich nicht mehr weiter weiß,
rufe ich nach dir.
Ich danke dir, dass du mich aushältst,
dort, wo ich mich selbst nicht aushalte.
Ich danke dir, dass du mich nicht verlässt,
auch dort, wo ich mich selbst verlasse
und gar nicht mehr bei mir bin.
Ich danke dir, dass du mich begleitest und
auch alle Umwege und Irrwege mit mir gehst.
Du hast Vertrauen, dass ich meinen Weg
wieder finde. Lass mich auf dich hören,
damit ich nicht zu lange vor dir fliehe,
sondern meine Zuflucht zu dir nehme.
Dich hat Gott gesandt, damit mein Weg gelingt."

Ich danke dir, barmherziger Gott,
für deinen Engel, den du in alle Situationen
meines Lebens sendest, damit ich mich nie
allein gelassen fühle.
Dank sei dir Gott,
der du deinen Boten zu mir schickst.
Und Dank sei dir, meinem Schutzengel,
dass du dich von Gott senden lässt
und alle meine Wege mit mir gehst.

Gott hat sich auf den Weg gemacht

Franz Kamphaus

Gott hat sich auf den Weg gemacht. Er ist uns entgegengekommen, so entgegenkommend und zuvorkommend, wie er ist. Dafür bürgt ein Name: Jesus Christus. Er ist der Weg. Auf diesem Weg kommt Gott uns entgegen. Auf diesem Weg können wir ihm begegnen. Er führt uns in die Freiheit. Er eröffnet neue Möglichkeiten. Das dürfen wir anderen sagen und uns selbst gesagt sein lassen: Du hast viel mehr Möglichkeiten, als du ahnst, ganz zu schweigen von den ungeahnten Möglichkeiten Gottes mit dir.

„Bereitet den Weg des Herrn!" Wer sich darauf einlässt, der hat alle Hände voll zu tun. Er wird dem Kommen Gottes in seinem alltäglichen Leben den Weg bereiten, mit allen Mitteln, die ihm zur Verfügung stehen. So bekommt der Glaube Hand und Fuß. Mitten in der Wüste blitzen Signale der Hoffnung auf. Die Welt bleibt nicht so, wie sie ist, neue Möglichkeiten werden sichtbar.

Die Wunder betrachten

Möge der Weg alle in Gebet und Schweigen
der vertraulichen Nähe
des göttlichen Herrn überlassen,
während sie gestützt auf den Stab seines Wortes
die Wunder betrachten,
die der Schöpfer gestaltet hat.

Segenswort vom Jakobsweg

Komm ins Freie!

Phil Bosmans

Wenn ich manche Menschen sehe, ihr Gesicht, ihre Augen, ihre ganze Haltung, dann muss ich an verriegelte Türen, an verschlossene Fensterläden denken, an ein Haus mit dem Schild: Zutritt verboten! Manche Menschen leben wie in einem Gefängnis, in dem sie sich selbst eingesperrt und dessen Gitter sie selbst gemacht haben, Gitter der Unzufriedenheit und Wehleidigkeit, der Enttäuschung und Verbitterung.

Komm heraus aus dir selbst, aus deinem eigenen Ich. Öffne die vergitterten Fenster und die verriegelten Türen. Befreie dich selbst.

Draußen ist Frühling! Komm ans Licht wie die Blume. Komm heraus in die Natur, ins Leben, zu den Menschen. Mach dich auf, öffne dich für die Freude, für das Lied, für das Wunder, dass du lebst.

Glücklichen Weg!

Möge der heilige Erzengel Rafael
euch auf eurem Weg begleiten,
wie er Tobias begleitet hat.
Möge der Herr
euch weiter Begleiter sein.
Glücklichen Weg!

Segenswort vom Jakobsweg

Unterwegs mit einem Engel

Andrea Schwarz

„Tobias ging hinaus, um einen guten Führer zu suchen, der mit ihm nach Medien zu reisen vermochte. Draußen fand er Rafael, den Engel vor sich stehen – ohne zu wissen, dass dieser ein Engel Gottes war" (Tobit 5,4). Manchmal wird man vom Leben nicht gefunden, sondern muss es erst mal suchen. Und auch Engel stellen sich nicht unbedingt ungefragt an unsere Seite. Es braucht schon ein wenig Eigeninitiative. Man kann Gott seine Sorgen übergeben – aber man darf nicht erwarten, dass er auch noch meinen Teil tut.

Wer sucht, der findet. Wer sucht, der macht sich auf einen Weg. Der wird offen für das ganz Andere. Und wer offen ist, dem mag durchaus ein Engel über den Weg laufen. Engel – das sind Boten Gottes. Mittler. Dolmetscher, geheimnisvolle Kräfte …

Manchmal begegne ich den Engeln erst dann, wenn ich mich auf den Weg mache. Und manchmal begegne ich Engeln, und ich weiß noch nicht einmal, dass es sich um einen Engel handelt.

Sende mir deinen Engel

Sende mir, Herr,
deinen heiligen Engel,
damit er mir Wegweiser
in meinem Leben aufstellt,
durch meine Intuition und meine Träume
zu mir spricht,
auf Gefahren hinweist und davor bewahrt,
mich warnt,
wenn mein Weg zu abschüssig ist,
mir von Gott Inspiriertes verkündet,
mich zur Wahrheit zurückführt,
meinen Gebetsweg begleitet
und meine Seele
auf das göttliche Licht ausrichtet.

Peter Dyckhoff

Möge Gott vor dir hergehen

Möge Gott vor dir hergehen,
um dir den rechten Weg zu zeigen.
Möge Gott neben dir sein,
um dich in die Arme zu schließen.
Möge Gott dich schützen vor allen Gefahren,
gleich woher sie kommen.
Möge Gott hinter dir sein,
um dich vor hinterhältigen Menschen zu bewahren.
Möge Gott unter dir sein,
um dich aufzufangen, wenn du fällst,
und dich aus der Schlinge zu ziehen.
Möge Gott in dir sein,
um dich zu trösten, wenn du traurig bist.
Möge Gott um dich herum sein,
um dich zu verteidigen, wenn andere über dich herfallen.
Möge Gottes Auge auf dir ruhen;
möge sein Ohr dich hören;
möge sein Wort für dich sprechen;
möge seine Hand dich segnen.

Irischer Segen

Am Morgen

Ich erwarte an diesem Morgen das Licht –
die Dunkelheit hat es nicht überwältigen können.
Ich erwarte das Feuer,
das am Anfang war und noch immer leuchtet
im Glanz der aufgehenden Sonne.
Ich erwarte die Glut des Lebens,
die aufleuchtet über der Erde
und glitzert im Meer und am Himmel.
Ich erwarte das göttliche Licht
in den Augen von allem, was lebt,
und in der Flamme meiner eigenen Seele.

Dies zu sehen an diesem Tag
lässt mich die göttlichen Spuren erahnen
in allem, was lebt.
Möge ich gesegnet sein
zu sehen an diesem Tag.

Keltischer Morgensegen

Am Abend

Mögen deine heiligen Engel, o Christus,
unseren Schlaf, unsere Ruhe,
unser schimmerndes Lager bewachen.

Mögen sie uns in unserem Schlummer
wahre Traumbilder zeigen.
Weder Dämonen noch Unheil,
weder Verderben noch böse Träume
mögen unsere Ruhe,
unseren tiefen, festen Schlaf stören.

Heilig möge unser Erwachen sein,
unsere Arbeit und unser Tagwerk
wie unser Schlaf und unsere Rast
ohne Störung und ohne Unterlass.

Keltischer Abendsegen

Quellenverzeichnis

Benedikt XVI., Sein Wort hören. Glaubensimpulse. © Libreria Editrice Vaticana, Città del Vaticano / Verlag Herder GmbH, Freiburg im Breisgau 2006.

Benedikt XVI., „Bleibt in meiner Liebe". Katechesen über die Apostel. © Libreria Editrice Vaticana, Città del Vaticano / Verlag Herder GmbH, Freiburg im Breisgau 2007.

Benedikt XVI., Der Liebe folgen. Hg. von Andrea Göppel. © Libreria Editrice Vaticana, Città del Vaticano / Verlag Herder GmbH, Freiburg im Breisgau 2008.

Margot Bickel / Hermann Steigert, Geh deinen Weg. Verlag Herder Freiburg im Breisgau, Neuausgabe 2005.

Dietrich Bonhoeffer, Widerstand und Ergebung © by Gütersloher Verlagshaus, Gütersloh, in der Verlagsgruppe Random House GmbH, München.

Phil Bosmans, Blumen des Glücks musst du selbst pflanzen. Verlag Herder Freiburg im Breisgau 2001.

Phil Bosmans, Gott – meine Oase. Vom Grund aller Lebensfreude. Verlag Herder Freiburg im Breisgau 2006.

Phil Bosmans, Leben jeden Tag. 365 Vitamine für das Herz. Verlag Herder Freiburg im Breisgau 2008.

Phil Bosmans / Ulrich Schütz, Jedes Herz braucht ein Zuhause, Verlag Herder Freiburg im Breisgau 2006.

Paul Deselaes / Dorothea Sattler, Gottes Wege gehen. Die Botschaft von Abraham und Sara. Ein bibel-leben-Buch hg. von Andrea Schwarz, Verlag Herder Freiburg im Breisgau 2007.

Hilde Domin, Gesammelte Gedichte © S. Fischer Verlag GmbH, Frankfurt am Main 1987.

Gisela Dreher-Richels, Spur im Sand – Texte für unterWegs. © Verlag aktuelle Texte, D-88515 Langenenslingen (Heiligkreuztal).

Andreas Drouve, Die Wunder des heiligen Jakobus. Legenden vom Jakobsweg. Verlag Herder Freiburg im Breisgau 2007.

Andreas Drouve, Segensworte vom Jakobsweg. Verlag Herder Freiburg im Breisgau 2008.

Peter Dyckhoff, In der Stille vor dir. Gebete aus dem Geist großer christlicher Mystiker, Verlag Herder Freiburg im Breisgau 2006.

Peter Dyckhoff, 365 Tage im Licht der Liebe. Geistlich leben nach Johannes vom Kreuz.

Ylva Eggehorn, Ich hörte Saras Lachen. Frauen in der Bibel. 15 Porträts. Aus dem Schwedischen von Rainer Haak. Verlag Herder Freiburg im Breisgau 2007.

Anselm Grün, Mit Herz und allen Sinnen. Jahreslesebuch. Verlag Herder Freiburg im Breisgau, Neuausgabe 2005.

Anselm Grün, Schenk mir ein weites Herz. Gebete. Verlag Herder Freiburg im Breisgau 2006.

Anselm Grün, Glückseligkeit. Der achtfache Weg zum gelingenden Leben. Verlag Herder Freiburg im Breisgau 2007.

Anselm Grüns Buch der Antworten. Herausgegeben von Anton Lichtenauer, Verlag Herder Freiburg im Breisgau 2007.

Anselm Grün / Andrea Schwarz, Und alles lassen, weil Er mich nicht lässt. Berufen, das Evangelium zu leben. Vollständig überarbeitete Neuausgabe. Verlag Herder Freiburg im Breisgau 2006.

Rainer Haak, Dir neu begegnen. Gebete und Segensworte. Verlag Herder Freiburg im Breisgau 2004.

Uli Heuel, Mut für jeden Tag. 365 biblische Meditationen. Verlag Herder Freiburg im Breisgau 2006.

Ludger Hohn-Morisch (Hg.), Mögen deine Tage so zahlreich sein wie Sterne am Himmel. Irische Segenswünsche. Verlag Herder Freiburg im Breisgau 2005.

Wolfgang Huber / Karl Kardinal Lehmann (Hg.), Im Anfang ein Wort. Das Johannesevangelium als Jahresbegleiter. Mit Bildern von Chantal Hug und Auslegungen von Bruder Franziskus Joest. Verlag Herder Freiburg im Breisgau 2006.

Gisela Ibele / Therese Nolte, Mehr Himmel wagen. Nicht-alltägliche Exerzitien. Verlag Herder Freiburg im Breisgau 2007.

Herbert Jung, Gesegnet sollst du sein. Segensgebete für Seelsorge und Gottesdienst. Verlag Herder Freiburg im Breisgau 2001.

Franz Kamphaus / Andreas Felger, Hinter Jesus her. Meditationen und Aquarelle. Für den Text: © Verlag Herder GmbH, Freiburg im Breisgau 2007.

Margot Käßmann, Gesät ist die Hoffnung. 14 Begegnungen auf dem Kreuzweg Jesu. Verlag Herder Freiburg im Breisgau 2007.

Katholische Jugend Wien (Hg.), Mit Gott on tour. Jugendgebete und Meditationen. Verlag Herder Freiburg im Breisgau 2008

Christian Leven, Heute ist der beste Tag zum Glücklichsein. Verlag Herder Freiburg im Breisgau 2002.

Anthony de Mello, 365 Geschichten, die gut tun. Weisheit für jeden Tag. Hg. von Jorg Lix. Verlag Herder Freiburg im Breisgau 2006.

Philip Newell, Mit einem Fuß im Paradies. Die Stufen des Lebens im keltischen Christentum. Verlag Herder Freiburg im Breisgau 2003.

Peter Neysters (Hg.), Mögen deine Wünsche den Himmel erreichen. Irische Segensworte für alle Anlässe. Verlag Herder Freiburg im Breisgau 2007.

Henri Nouwen, Leben hier und jetzt. Jahreslesebuch. Verlag Herder Freiburg im Breisgau, Neuausgabe 2005.

Henri Nouwen, Der Kelch unseres Lebens. Ganzheitlich Menschsein. Neuausgabe mit einem Vorwort von Medard Kehl. Verlag Herder Freiburg im Breisgau 2008.

Huub Oosterhuis, Augen, die mich suchen. Gebete und Meditationen zum Abschied. Verlag Herder Freiburg im Breisgau 2007.

Karl Rahner / Andreas Felger, Von der Gnade des Alltags. Meditationen in Wort und Bild. Verlag Herder Freiburg im Breisgau 2006.

Anton Rotzetter, Der Stern des Messias. Psalmenbetrachtungen für Advent und Weihnachten. Verlag Herder Freiburg im Breisgau 2004.

Anton Rotzetter, Du Atem meines Lebens. Ausgewählte Gebete. Verlag Herder Freiburg im Breisgau 2005.

Antoine de Saint-Exupéry, Worte wie Sterne. Hg. von Maria Otto. Verlag Herder Freiburg im Breisgau Neuausgabe 2007.

Andrea Schwarz, Und jeden Tag mehr leben. Ein Jahreslesebuch. Verlag Herder Freiburg im Breisgau ²2004.

Andrea Schwarz, Unterwegs mit einem Engel. Mit dem Buch Tobit durch die Fastenzeit bis Ostern. Verlag Herder Freiburg im Breisgau ²2004.

Andrea Schwarz, Bleib dem Leben auf der Spur. Geschichten von unterwegs. Verlag Herder Freiburg im Breisgau 2005.

Andrea Schwarz, Du Gott des Weges segne uns. Gebete und Meditationen. Verlag Herder Freiburg im Breisgau 2008.

Christa Spilling-Nöker, Engel in deiner Nähe. Mit Bildern von Marc Chagall. Verlag Herder Freiburg im Breisgau 2006.

Christa Spilling-Nöker, Du bist nicht allein. Worte des Trostes. Verlag Herder Freiburg im Breisgau 2007.

Christa Spilling-Nöker, Zeit für Gelassenheit. Verlag Herder Freiburg im Breisgau 2008.

Pierre Stutz, Meditationen zum Gelassenwerden. Verlag Herder Freiburg im Breisgau ⁵2005.

Pierre Stutz, Der Stimme des Herzens folgen. Jahreslesebuch. Verlag Herder Freiburg im Breisgau ²2007.

Bärbel Wartenberg-Potter, Wes Brot ich ess, des Lied ich sing. Die Bergpredigt lesen. Mit dem Text der „Bibel in gerechter Sprache". Verlag Herder Freiburg im Breisgau 2007.

Erich Zenger, Psalmen. Auslegungen 1–4. Verlag Herder Freiburg im Breisgau ²2006.

Textnachweise

S. 15: Schwarz, Und jeden Tag mehr leben (6. Jan.).
S. 18: Zit. nach: Drouve, Segensworte 20.
S. 19: Grün, Buch der Antworten, 103–104.
S. 20: Oosterhuis, Augen, die mich suchen 29.
S. 21: Ibele / Nolte, Mehr Himmel wagen 6; 45.
S. 22: Aus: Hilde Domin, Gesammelte Gedichte. © S. Fischer Verlag GmbH, Frankfurt am Main 1987.
S. 23: De Mello, vgl.: 365 Geschichten, die gut tun 30.
S. 24: Bosmans, Gott – meine Oase 20–23 (Auszug).
S. 25: Zit. nach Kath. Jugend Wien (Hg.), Mit Gott on tour 20.
S. 26: Zit. nach: Benedikt XVI., Der Liebe folgen.
S. 27: Bickel, Geh deinen Weg 42.
S. 28: Zit. nach Kath. Jugend Wien (Hg.), Mit Gott on tour 31.
S. 29: Zit. nach Dreher-Richels, Spur im Sand.
S. 30: Schwarz, Bleib dem Leben auf der Spur 164–167.
S. 33: Zit. nach Kamphaus / Felger, Hinter Jesus her 35.
S. 34: Stutz, Der Stimme des Herzens folgen 122 (17. April); 18 (7. Jan.).
S. 35: Stutz, Der Stimme des Herzens folgen 41 (31. Jan.).
S. 38: Drouve, Segensworte 19.
S. 39: Schwarz, Und jeden Tag mehr leben 227 (24. Juni).
S. 40: Haak, Dir neu begegnen 110.
S. 41: Stutz, Der Stimme des Herzens folgen 120 (15. April); 123 (18. April).
S. 42: Bickel, Geh deinen Weg.
S. 43: Nouwen, Kelch unseres Lebens 77–82 (Auszug).
S. 46: Eggehorn, Ich hörte Saras Lachen 33–45 (Auszug).
S. 50: Käßmann, Gesät ist die Hoffnung 52–57 (Auszug).
S. 52: © Christa Spilling-Nöker.
S. 52: Zit. nach Kamphaus / Felger, Hinter Jesus her 77.
S. 53: Bosmans, Leben jeden Tag 17 (13. Jan.); Blumen des Glücks 14.
S. 54: Zit. nach Grün / Schwarz, Und alles lassen, weil Er mich nicht lässt 64 f.; 66; 76 f. (Auszüge).

S. 56: Benedikt XVI., „Bleibt in meiner Liebe" 11 f.
S. 57: Pierre Stutz, Meditationen zum Gelassenwerden 22 f.
S. 57: Zit. nach: Worte wie Sterne 50.
S. 58: Jakobuslegende des Hubertus von Besançon aus dem Codex Calixtinus, nacherzählt von Andreas Drouve, in: S. Drouve, Die Wunder des heiligen Jakobus 113–119.
S. 62: Kamphaus / Felger, Hinter Jesus her 69 f. (Auszug).
S. 63: Schwarz, Und jeden Tag mehr leben 30 (19. Dez.).
S. 66: Drouve, Segensworte 48.
S. 67: Grün, Mit Herz und allen Sinnen 145 (10. Mai).
S. 68: Schwarz, Und jeden Tag mehr leben 70 (27. Jan.).
S. 69: Deselaers / Sattler, Gottes Wege gehen 101 f.
S. 70: Karl Rahner, „Vom Gehen", zit. nach Rahner / Felger, Von der Gnade des Alltags 20–23 (Auszug).
S. 72: Bours, Nehmt Gottes Melodie in euch auf 116 f.
S. 74: Heuel, Mut für jeden Tag 14 (7. Jan.); 15 (9. Jan.).
S. 75: Rotzetter, Stern des Messias, 10.
S. 76: Schwarz, Und jeden Tag mehr leben 305–307 (4. bis 6. Sept.) Auszug.
S. 78: Spilling-Nöker, Du bist nicht allein 29.
S. 78: Spilling-Nöker, Zeit für Gelassenheit
S. 79: Stutz, Der Stimme des Herzens folgen 21 (10. Januar).
S. 80: Stutz, Meditationen zum Gelassenwerden 56–58.
S. 82: Karl Kardinal Lehmann, „Das Glück des Weizenkorns", zit. nach: Lehmann / Huber (Hg.), Im Anfang ein Wort 99–101 (Auszug).
S. 83: Wolfgang Huber, „Alles, was wir brauchen", zit. nach: Huber / Lehmann (Hg.) Im Anfang ein Wort 111–113 (Auszug).
S. 86: Drouve, Segensworte 24.
S. 87: Jung, Gesegnet sollst du sein.
S. 88: Grün, Glückseligkeit 42–45; 48–49; 51; 151 (Auszüge).
S. 90: Schwarz, Und jeden Tag mehr leben 322 f. (20./21. Sept.).
S. 90: Ibele / Nolte, Mehr Himmel wagen 24; 52.
S. 92: Dietrich Bonhoeffer, aus: Ders., Widerstand und Ergebung © by Gütersloher Verlagshaus, Gütersloh, in der Verlagsgruppe Random House GmbH, München.
S. 93: Zit. nach Bosmans / Schütz, Jedes Herz braucht ein Zuhause 38 f.
S. 94: Zit. nach Grün / Schwarz, Und alles lassen, weil Er mich nicht lässt 101.

S. 95: Zit. nach Neysters (Hg.), Mögen deine Wünsche den Himmel erreichen 102.

S. 96: Newell, Mit einem Fuß im Paradies 31; 72 f.

S. 97: Benedikt XVI., Sein Wort hören 25.

S. 98: Wartenberg-Potter, Wes Brot ich ess 33 f.

S. 100: Zit. nach Leven (Hg.), Heute ist der beste Tag zum Glücklichsein 331.

S. 101: Schwarz, Du Gott des Weges segne uns 181.

S. 102: Neysters (Hg.), Mögen deine Wünsche den Himmel erreichen 71; 76 f.

S. 103: Psalm 91,1–14; zit. nach Zenger, Psalmen 3, 133 f. Der Gottesname „JHWH" wurde entsprechend der Intention des Übersetzers im Hinblick auf die Aussprache beim Vortrag des Textes mit „Der Lebendige" umschrieben.

S. 104: Zit. nach Benedikt XVI., Der Liebe folgen 140.

S. 105: Dyckhoff, 365 Tage im Licht der Liebe (23. April).

S. 108: Drouve, Segensworte 32.

S. 109: Schwarz, Und jeden Tag mehr leben 332 (30. Sept.); leicht angepasst.

S. 110: Oosterhuis, Augen, die mich suchen 42 f.

S. 112: Grün, Der Himmel beginnt in dir 8–10 (Auszug aus dem Vorwort zur Neuausgabe 2008).

S. 113: Zit. nach Kamphaus / Felger, Hinter Jesus her 33.

S. 114: Dyckhoff, 365 Tage im Licht der Liebe (19. Dezember).

S. 115: Nouwen, Leben hier und jetzt 23; 19.

S. 116: Spilling-Nöker, Engel in deiner Nähe.

S. 117: Grün, Schenk mir ein weites Herz 116 f.

S. 118: Kamphaus / Felger, Hinter Jesus her 27.

S. 118: Drouve, Segensworte 35.

S. 119: Bosmans, Blumen des Glücks musst du selbst pflanzen 69.

S. 120: Drouve, Segensworte 75.

S. 121: Schwarz, Unterwegs mit einem Engel 52.

S. 122: Dyckhoff, In der Stille vor dir 54.

S. 123: Neysters (Hg.), Mögen deine Wünsche den Himmel erreichen 41.

S. 124: Zit. nach Hohn-Morisch (Hg.), Mögen deine Tage so zahlreich sein wie die Sterne am Himmel, 11.

S. 125: Zit. nach Sander (Hg.), Begleitet von guten Mächten 121

Verzeichnis der Autorinnen und Autoren

BENEDIKT XVI. (Joseph Ratzinger), geb. 1927; am 19. April 2005 zum Papst gewählt. Zahlreiche Veröffentlichungen bei Herder. Zuletzt u. a. „Jesus von Nazareth. Erster Teil. Von der Taufe im Jordan bis zur Verklärung" (2007); „‚Bleibt in meiner Liebe'. Katechesen über die Apostel" (2007); „Der Liebe folgen. Hg. von Andrea Göppel" (2008).

MARGOT BICKEL, Bestellerautorin, einem breiten Leserkreis für ihre meditativen Bücher bekannt. Bei Herder: „Pflücke den Tag" (Neuausgabe ²2005), „Geh deinen Weg" (Neuausgabe 2005).

DIETRICH BONHOEFFER, 1906–1945; ev. Pfarrer und Theologe; Widerstandskämpfer gegen das Hitler-Regime und Martyrer.

PHIL BOSMANS, geb. 1922; kath. Priester und Ordensmann, Begründer des „Bundes ohne Namen". Zahlreiche Veröffentlichungen (Weltgesamtauflage bei geschätzten über 9 Millionen). Zuletzt bei Herder: „Liebe wirkt täglich Wunder" (Neuausgabe 2008), „Leben jeden Tag. 365 Vitamine für das Herz" (Neuausgabe 2008).

JOHANNES BOURS, 1913–1988, Spiritual am Priesterseminar in Münster und geistlicher Begleiter. Zahlreiche Veröffentlichungen. Zuletzt bei Herder: „Nehmt Gottes Melodie in euch auf. Worte für die Seele" (2005).

PAUL DESELAERS, Dr. theol., Spiritual am Bischöflichen Priesterseminar in Münster, Gemeindepfarrer und Lehrbeauftragter an der Kath.-Theol. Fakultät der Universität Münster. Zuletzt bei Herder (zus. mit Dorothee Sattler): „Gottes Wege gehen. Die Botschaft von Abraham und Sara" (2007).

HILDE DOMIN, 1909–2006, deutsche Schriftstellerin und Lyrikerin, während der Zeit des NS-Regimes in Deutschland im Exil in der Dominikanischen Republik, Rückkehr nach Deutschland 1954, Trägerin zahlreicher Auszeichnungen.

GISELA DREHER-RICHELS, geb. 1924, bildende Künstlerin, freie Schriftstellerin, Vortragsdozentin.

ANDREAS DROUVE, Dr. phil., freier Autor und Journalist, einer der renommiertesten Kenner der Pilgerbewegung nach Santiago de Compostela. Er hat über 60 Kultur- und Reisebücher verfasst, darunter zahlreiche Titel zum Jakobsweg. Zuletzt bei Herder: „Segensworte vom Jakobsweg" (2008). Der Autor im Internet: www.andreas-drouve.de

PETER DYCKHOFF, Dr. theol., geb. 1937, Kaufmann und Priester, Psychologe und Theologe, Priester und erfolgreicher geistlicher Autor. Zuletzt bei Herder: „365 Tage im Licht der Liebe. Geistlich leben nach Johannes vom Kreuz" (2007). Der Autor im Internet: www.PeterDyckhoff.de

YLVA EGGEHORN, geb. 1950, verheiratete Mutter von zwei Kindern, schwedische Schriftstellerin und Lyrikerin. Liedtexterin u.a. für „ABBA"-Star Benny. Mit zahlreichen Literaturpreisen ausgezeichnet. Bei Herder „Ich hörte Saras Lachen. Frauen in der Bibel. 15 Porträts" (2007).

ANSELM GRÜN, geb. 1945; Dr. theol., Benediktiner und Verwalter der Abtei Münsterschwarzach; geistlicher Berater, Begleiter und Autor höchst erfolgreicher Veröffentlichungen. Zuletzt bei Herder: „Wege durch die Depression" (2008); „Der Himmel beginnt in dir. Das Wissen der Wüstenväter für heute" (Neuausgabe 2008). Der Autor im Internet: www.einfachlebenbrief.de

RAINER HAAK, Schriftsteller und Theologe, in zahlreiche Sprachen übersetzter Autor. Bei Herder u.a.: „Gras unter meinen Füßen. 366 guten Gedanken durch das Jahr" (2004); „Gebete eines Clowns. Mit Illustrationen von Thomas Plaßmann" (^{2}2006). Der Autor im Internet: www.rainerhaak.de

ULI HEUEL, studierte Medizin und arbeitet als Fachjournalist. Songtexter (u.a. für Udo Jürgens) und Autor erfolgreicher spiritueller Bücher. Zuletzt bei Herder „Woran Christen glauben. Das Kennenlern-Buch für Neugierige" (2004); „Mut für jeden Tag. 365 biblische Meditationen" (2006).

WOLFGANG HUBER, geb. 1942, Dr. theol., Professor für Sozialethik und systematische Theologie; seit 1994 Bischof der evangelischen Kirche in Berlin-Brandenburg-schlesische Oberlausitz; seit 2003 Ratsvorsitzender der EKD. Bei Herder u.a. (zusammen mit Karl Kardinal Lehmann): „Im Anfang ein Wort. Das Johannesevangelium als Jahresbegleiter" (2006).

GISELA IBELE, geb. 1963, Franziskanerin von Reute. Ausbildung zur Erzieherin und Gemeindereferentin, Leiterin der „Sinn-Welt Jordanbad" in Jordanbad/Biberach, eines (Er-)Lebensparcours für Sinne und Seele (www.jordanbad.de). Bei Herder (zus. mit Therese Nolte): „Mehr Himmel wagen. Nicht-alltägliche Exerzitien" (2007).

HERBERT JUNG geb. 1947; in der Ausbildung junger Priester, Pastoral- und Gemeindereferenten und –referentinnen tätig. Zuletzt bei Herder: „Alle Liebe ist aus Gott. Gottesdienste zur Hochzeit" (2005).

FRANZ KAMPHAUS, geb. 1932; Dr. theol., seit 1982 Bischof von Limburg. Zahlreiche Veröffentlichungen, zuletzt bei Herder: „Die Welt zusammenhalten. Reden gegen den Strom" (2008).

MARGOT KÄSSMANN, Dr. theol., Mutter von vier Kindern. Landesbischöfin der evangelisch-lutherischen Kirche Hannovers. Bei Herder u.a.: „Gesät ist die Hoffnung. 14 Begegnungen auf dem Kreuzweg Jesu" (2007).

ANTHONY DE MELLO, 1931–1987; Jesuit, geistlicher Begleiter und Autor weit verbreiteter Bücher mit Weisheitsgeschichten und zur Meditationspraxis. Zuletzt bei Herder u.a. „365 Geschichten, die gut tun. Weisheit für jeden Tag" (2006).

PHILIP NEWELL, geb. 1953, Vater von vier Kindern und Geistlicher der Kirche von Schottland. Bei Herder „Mit einem Fuß im Paradies. Die Stufen des Lebens im keltischen Christentum" (2003).

PETER NEYSTERS, geb. 1942, Vater von drei erwachsenen Kindern, über 35 Jahre lang tätig in der Ehe-, Familien- und Sakramentenpastoral im Bistum Essen. Zuletzt bei Herder: „Mögen deine Wünsche den Himmel erreichen. Irische Segensworte für alle Anlässe".

THERESE NOLTE, geb. 1960, Franziskanerin von Waldbreitbach (www.waldbreitbacher-franziskanerinnen.de), Krankenhausoberin in Neustadt an der Weinstraße. Bei Herder (zus. mit Gisela Ibele): „Mehr Himmel wagen. Nicht-alltägliche Exerzitien" (2007).

HENRI NOUWEN, 1932–1996; gab eine Karriere als Hochschulprofessor auf und schloss sich der von Jean Vanier gegründeten „Arche"-Bewegung eines gemeinsamen Lebens mit behinderten Menschen an. Zuletzt bei Herder: „Der Kelch unseres Lebens. Ganzheitlich Mensch sein (Neuausgabe mit einem Vorwort von Medard Kehl, 2008), „Zeig mir den Weg. Ein Begleiter durch die Fasten- und Osterzeit" (hg. von Franz Johna, Neuausgabe 2008).

HUUB OOSTERHUIS, geb. 1933; Priester und Dichter; schreibt seit vielen Jahren für die Liturgie der Amsterdamer Studentengemeinde. Zuletzt bei Herder: „Augen, die mich suchen. Gebete und Meditationen zum Abschied" (2007).

KARL RAHNER, 1904–1984; Jesuit, Theologe, Konzilsberater. Im Verlag Herder erscheint die auf 32 Bände angelegte Gesamtausgabe „Karl Rahner – Sämtliche Werke". Zuletzt bei Herder u.a.: (zus. mit Andreas Felger) „Von der Gnade des Alltags. Meditationen in Wort und Bild" (2006).

ANTON ROTZETTER, geb. 1939; Dr. theol., Kapuzinerpater, Seminarleiter, Dozent; zahlreiche Publikationen. Bei Herder u.a.: „Der Stern des Messias. Psalmbetrachtungen für die Advents- und Weihnachtszeit" (2004); „Du Atem meines Lebens. Ausgewählte Gebete" (2005).

ANTOINE DE SAINT-EXUPÉRY, 1900–1944, Pilot und Schriftsteller. Autor des weltberühmten Märchens „Der kleine Prinz".

DOROTHEE SATTLER, Dr. theol., Professorin für Ökumenische Theologie und Dogmatik sowie Direktorin des Ökumenischen Instituts der Kath.-Theol. Fakultät der Uni Münster. Zuletzt bei Herder (zus. mit Paul Deselaers): „Gottes Wege gehen. Die Botschaft von Abraham und Sara" (2007).

ANDREA SCHWARZ, Industriekauffrau und Sozialpädagogin, heute in der Seelsorge und als gefragte Referentin tätig; eine der meistgelesenen christlichen Autoren unserer Zeit. Zuletzt bei Herder: „Bleib dem Leben auf der Spur. Geschichten von unterwegs" (2005); „Du Gott des Weges segne uns. Gebete und Meditationen" (2008); „Mitten im Leben. Momentaufnahmen aus der Seelsorge" (2008).

CHRISTA SPILLING-NÖKER, Dr. phil., geb. in Hamburg, ev. Pfarrerin mit pädagogischer und tiefenpsychologischer Ausbildung. Zahlreiche Veröffentlichungen. Zuletzt bei Herder: „Du bist nicht allein. Worte des Trostes" (2007); „Zeit für Gelassenheit" (2008).

PIERRE STUTZ, geb. 1953; spiritueller Begleiter, Dichter und Autor viel beachteter Bücher. Zuletzt bei Herder: „Engel des Trostes wünsche ich dir. Briefe an Trauernde" (Neuausgabe 2008), „Ein Stück Himmel im Alltag" (Neuausgabe 2008). Der Autor im Internet: www.pierrestutz.ch

BÄRBEL WARTENBERG-POTTER, ev. Pastorin, seit 2001 Bischöfin für den Sprengel Holstein-Lübeck der Nordelbischen Evangelisch-Lutherischen Kirche. Bei Herder: „Wes Brot ich ess, des Lied ich sing. Die Bergpredigt lesen" (2007).

Simone Weil, 1909–1943, französische Philosophin und Mystikerin jüdischer Herkunft.

Erich Zenger, geb. 1939, Professor em. für alttestamentliche Exegese in Münster/Westfalen. Herausgeber der Reihe „Herders Theologischer Kommentar zum Alten Testament". Bei Herder u.a. „Psalmen. Auslegungen 1–4" (2003).

Für Menschen auf dem Weg:
Die Jakobsbibel

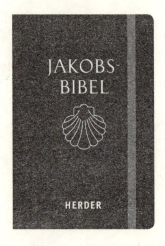

Taschenformat: 10,3 × 15,0 cm, 512 Seiten, Kunstleder,
Goldprägung auf der Vorderseite und auf dem Buchrücken, mit Leseband
ISBN 978-3-451-32250-1
Diese Auswahlbibel entspricht in Ausstattung und Inhalt genau den Wünschen der Pilger und aller Menschen, die viel unterwegs sind und einen spirituellen Weg-Begleiter suchen:
- Leicht zugängliche Bibeltexte aus dem AT und NT
- Texte und Legenden vom Jakobsweg
- Karten und Bilder mit Impressionen vom Jakobsweg.

Handlich und praktisch: Die Bibelausgabe für Pilger.

HERDER

Worte und Bilder vom Jakobsweg

ANDREAS DROUVE
Segensworte vom Jakobsweg
Durchgehend farbig gestaltet,
mit vielen Farbfotos
96 Seiten, gebunden,
ISBN 978-3-451-32110-8
Seit Jahrhunderten ist der Jakobsweg nach Santiago de Compostela begleitet von Segensworten. Andreas Drouve hat diese uralte Tradition wiederentdeckt und die schönsten Segenswünsche zusammengestellt: angefangen vom mittelalterlichen Codex Calixtinus über Inschriften und örtliche Traditionen bis zur Gegenwart.

Impressionen vom Jakobsweg
Herausgegeben von Beate Vogt
Ein durchgehend farbig illustriertes
Aufstellbuch mit 180 Farbfotos
240 Seiten, Spiralbindung
ISBN 978-3-451-32126-9
Das stimmungsvolle Aufstellbuch
zum Jakobsweg: Fotografische Impressionen seiner unverwechselbaren Landschaften, Brücken, Kirchen und Klöster. Mit Impulsen zur Geschichte und Atmosphäre des Weges: kurze Texte aus dem mittelalterlichen Codex Calixtinus oder der „Legenda aurea" ebenso wie von Autoren unserer Zeit wie Cees Nooteboom und Paulo Coelho.

HERDER

Inspirierende Texte für jeden Tag

PHIL BOSMANS · **Leben jeden Tag**
365 Vitamine für das Herz
Herausgegeben von Ulrich Schütz
Neuausgabe in besonders lesefreundlicher Schrift
durchgehend zweifarbig gestaltet mit 12 Abbildungen
256 Seiten, gebunden mit Leseband,
ISBN 978-3-451-32142-9
Phil Bosmans ist ein Meister darin, in einfachen Bildern Wesentliches auf den Punkt zu bringen und unmittelbar zum Herzen zu sprechen.

ANTHONY DE MELLO · **365 Geschichten, die gut tun**
Weisheit für jeden Tag
Herausgegeben von Jorg Lix
Neuausgabe in besonders lesefreundlicher Schrift
durchgehend zweifarbig gestaltet mit 12 Abbildungen
256 Seiten, gebunden mit Leseband,
ISBN 978-3-451-29245-3
In „365 Geschichten, die gut tun" versammelt Anthony de Mello seine prägnantesten Weisheitsgeschichten: Erfrischung für die Seele an jedem Tag des Jahres. Lebenshilfe auf sympathische und kurzweilige Art.

ANSELM GRÜN · **Mit Herz und allen Sinnen**
Gute Gedanken für jeden Tag
Herausgegeben von Ludger Hohn-Morisch
400 Seiten, gebunden, mit Leseband
ISBN 978-3-451-28575-2
Wenige Autoren verstehen es wie Pater Anselm Grün, dem Alltag wieder eine Seele zu geben. Wer sich von diesen Texten inspirieren lässt, findet zu neuer Aufmerksamkeit für den verborgenen Reichtum des Alltags.

PIERRE STUTZ · **Der Stimme des Herzens folgen**
Jahreslesebuch
400 Seiten, gebunden mit Leseband, mit Leseband
ISBN 978-3-451-28743-5
Eine zentrale Erfahrung, ein Gedanke von Pierre Stutz für jeden Tag. Innehalten, bei sich selbst zu Hause sein und der Stimme des eigenen Herzens folgen.

HERDER

Für jeden Tag ein gutes Wort
Texte von Phil Bosmans, Anselm Grün, Anthony de Mello, Henri Nouwen, Andrea Schwarz
Herausgegeben von Ludger Hohn-Morisch
400 Seiten, gebunden mit Leseband
ISBN 978-3-451-28817-3
Der besondere Band mit inspirierenden Texten der profilierten spirituellen Autoren für jeden Tag des Jahres.

Poesie für jeden Tag
Jahreslesebuch
Herausgegeben von Judith Sixel
400 Seiten, gebunden in Halbleinen, mit Leseband
ISBN 978-3-451-28916-3
Ein Gedicht für jeden Tag, zusammengestellt aus nahezu 1000 Jahren deutschsprachiger Lyrik. Eine Liebeserklärung an das Leben.

ULI HEUEL · **Mut für jeden Tag**
365 biblische Meditationen
208 Seiten, gebunden mit Leseband
ISBN 978-3-451-28896-8
Für jeden Tag des Jahres ein Bibelwort, eine kurze Betrachtung, ein Gebetsruf – kurze, verständliche Impulse, als Start in den neuen Tag oder als Wort zum Ausklang des Tages oder einfach zwischendurch.

PETER DYCKHOFF · **365 Tage im Licht der Liebe**
Geistlich leben nach Johannes vom Kreuz
400 Seiten, gebunden in Balacron, mit Goldprägung und Leseband
ISBN 978-3-451-29358-0
Peter Dyckhoff begleitet täglich mit einem kurzen besinnlichen Text durch das Jahr. Auf ganz besondere Art gelingt es ihm, die Worte des spanischen Mystikers Johannes vom Kreuz für Menschen von heute zu erschließen.

HERDER

Meditationen und Gebete

Anselm Grün · **Jeder Tag hat seinen Segen**
Morgen- und Abendgebete für die sieben Tage der Woche
Mit 17 Aquarellen von Manuela Wiedensohler
128 Seiten, zweifarbig gestaltet, Flexcover mit Leseband
ISBN 978-3-451-28523-3

Morgen- und Abendgebete für jeden Tag der Woche und eine Einführung in das Vaterunser. Anselm Grün leiht den Leserinnen und Lesern Worte, damit sie das, was sie selbst fühlen, Gott sagen können.

Andrea Schwarz · **Du Gott des Weges segne uns**
Gebete und Meditationen
192 Seiten, zweifarbig gestaltet, Flexcover mit Leseband
ISBN 978-3-451-32099-6

Dieses Gebetbuch versammelt bekannte und vertraute, zum Teil aber auch bislang unveröffentlichte Gebetstexte von Andrea Schwarz aus zwei Jahrzehnten in einem Band.

Gisela Ibele / Therese Nolte · **Mehr Himmel wagen**
Nicht-alltägliche Exerzitien
Durchgehend zweifarbig, mit 40 Abbildungen
128 Seiten, gebunden mit Leseband
ISBN 978-3-451-28919-4

Vierzig Redensarten und Alltagsweisheiten werden von den beiden Autorinnen gegen den Strich gebürstet. Das Verblüffende: Alle Redensarten enthalten Impulse, mit den eigenen Sinnen Erfahrungen zu machen und so den Glauben neu zu „erden".

Ursel Isensee / Anneliese Wohn
Du führst mich hinaus ins Weite
Eine spirituelle 4-Wochen-Kur
Mit einem Geleitwort von Hildegund Keul
Durchgehend zweifarbig mit zahlreichen Abbildungen
112 Seiten, gebunden mit Leseband,
ISBN 978-3-451-32140-5

Vier Wochen begleiten die in der Seelsorge erfahrenen Autorinnen die Leser und Leserinnen mit kurzen Impulsen zu einem Wort aus den Psalmen.

HERDER

Lebensimpulse

Ylva Eggehorn · **Ich hörte Saras Lachen**
Frauen in der Bibel. 15 Porträts
Aus dem Schwedischen von Rainer Haak
160 Seiten, gebunden mit Schutzumschlag und Leseband
ISBN 978-3-451-29625-3
Die Autorin stellt fünfzehn biblische Frauengestalten vor (u.a.: Sara, Rebekka, Hanna, Maria von Nazaret, Maria aus Magdala, Elisabet, Maria und Marta von Betamien, Lydia) und eröffnet uns ihre überraschend aktuellen Botschaften.

Anselm Grün · **Der Himmel beginnt in dir**
Das Wissen der Wüstenväter für heute. Neuausgabe
144 Seiten, gebunden mit Schutzumschlag
ISBN 978-3-451-32103-0
Anselm Grüns Standardwerk erschließt die Spiritualität der frühchristlichen Mönche für die Gegenwart. Meisterhaft bringt Anselm Grün die jahrhundertealten Quellen so zum Fließen, dass die Suchbewegungen heutiger Spiritualität, die „bei uns und unseren Leidenschaften" (Grün) beginnt, daran anknüpfen können.

Paulus Terwitte / Marcus C. Leitschuh
Trau dich, einfach gut zu leben
Werte neu entdecken
Durchgehend vierfarbig gestaltet. 96 Seiten, Klappenbroschur
ISBN 978-3-451-32048-4
Wer den Nächsten liebt, muss deswegen nicht immer lieb sein. Auch ein guter Mensch muss Kante zeigen können. Das erfahrene Autorenteam schöpft aus den Erfahrungen der christlichen Tradition und leitet dazu an, die Quellen zum Gutsein neu zu entdecken.

Henri Nouwen · **Nach Hause finden**
Wege zu einem erfüllteren Leben
144 Seiten, gebunden
ISBN 978-3-451-28381-9
Die Weisheit einer Lebensreise. Dieses Buch enthält die gebündelte Antwort des großen geistlichen Schriftstellers auf die menschlichen Existenzfragen.

HERDER

© Verlag Herder GmbH, Freiburg im Breisgau 2008
Alle Rechte vorbehalten
www.herder.de

Umschlaggestaltung:
Weiß-Freiburg GmbH, Graphik & Buchgestaltung
Umschlagmotiv: © corbis
Satzgestaltung: SatzWeise, Föhren
Herstellung: fgb · freiburger graphische betriebe
www.fgb.de

Gedruckt auf umweltfreundlichem,
chlorfrei gebleichtem Papier
Printed in Germany

ISBN 978-3-451-32144-3